경제지표를 읽는 시간

일러두기

책에 나오는 모든 경제지표는 이 책을 집필한 2023년 2~3월을 기준으로 작성되었다.

언제나 한발 앞서
변화의 신호를 찾아내는 기술

경제지표를
읽는 시간

빈센트(김두언) 지음

AMERICA

CHINA

EUROPE

KOREA

위즈덤하우스

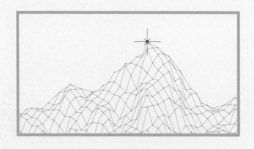

부가 축적될수록 시간의 가치는 올라갑니다.

이제부터 빈센트가 당신의 귀한 시간을 사겠습니다.

경제지표를 왜 알아야 할까?

뉴노멀(저금리, 저물가, 저성장) 시대가 끝나고 바야흐로 인플레이션 시대가 열렸다. 요즘같이 하루가 다르게 급변하는 시기에는 다시 시작할 기회를 가진 자와 갖지 못한 자의 차이가 실로 엄청나다. 기회를 가진 자는 한 번 더 시도할 수 있기 때문에 투자의 성공 확률도 당연히 높다. 그리고 다시 시작할 기회를 갖는 가장 확실한 방법은 바로 튼튼한 기본기를 마련하는 것이다.

코로나19 위기는 짧고 강하게 마무리되는 듯하다. 하지만 기대에 부풀어 맞이한 포스트 코로나 시대의 투자 성과는 참담하다. 특히 2022년 한 해 동안 연초 대비 나스닥 지수는 34%, 코스피 지수는 25% 하락하며 부진한 성적을 기록했다.

급할수록 돌아가라 했다. 기본에 충실하라는 이야기다. 매크로 macro(거시경제) 투자 성공의 근간은 경제지표를 충실히 활용하는 것이다. 경제지표는 현재 경기를 파악하고 미래 경기를 예측할 수 있는 데이터들의 집합이다. 여기서 데이터란 어떤 현상을 한눈에 알아보기 위한 정보의 모든 것이다. 즉, 기본이다.

빈센트만의 경제지표 구분법

모든 경제지표가 중요한가? 나라마다 정치, 사회, 문화뿐만 아니라 경제, 산업 구조까지 모든 게 상이하다. 그런데도 모든 경제지표를 다 알아야 하는가? 경중은 없는가? 경제지표를 이해하고 활용하기에 앞서 이러한 직관적인 의문부터 짚고 넘어가보자.

나는 모든 경제지표를 2단계로 구분한다. 아니, 적어도 이 책에서는 그렇게 구분하려고 노력했다.

우선 특성에 따라 경제지표를 2가지로 나눈다. 매크로로 궁극적으로 확인하고자 하는 것은 실물 경기의 상황이다. 나는 이렇게 실물 경기를 반영하는 경제지표들을 하드 데이터hard data라고 정의한다. 그 예로 기업들의 생산을 반영하는 산업 생산, 가계의 지출을 반영한 가계 소비, 기업과 가계의 취업과 실업 등을 반영한 고용 지표가 있다.

하드 데이터는 실물 경기를 반영한 경제지표지만 주식 투자 같은 금융 투자에 있어서는 늘 적시성의 한계를 안고 있다. 가령 6월 중순에 주식 투자자가 실물 경기를 파악하기 위해 경제지표를 활용한다면 3개월 전 실물 경기를 반영하는 1분기 국내총생산GDP, Gross Domestic Product을 확인하는 것이 최선이다. 4, 5, 6월의 실물 경기를 반영하는 2분기 GDP는 7월 말에 발표되기 때문이다. 따라서 하드 데이터의 한계점을 보완하기 위해서는 소프트 데이터soft data를 활용해야 한다.

소프트 데이터는 경제 주체들의 심리를 반영하는 경제지표로서 서베이(설문 조사) 방식으로 추출한 자료다. 하드 데이터에 선행한다는 특성이 있기에 심리 지표인 소프트 데이터의 개선은 경제 주체들의 실제 활동인 하드 데이터의 개선으로 이어질 개연성이 높다. 가계 소비 지출이라는 하드 데이터의 선행 지표인 소프트 데이터로는 소비자 심리 지수가 있다.

소프트 데이터를 활용할 때 주의할 점이 하나 있다. "인간의 마음은 갈대와 같다"라는 말처럼 심리 지표에 내재한 낙관적 성향이 비이성적 과열로 이어지며 펀더멘털fundamental(주요 거시경제지표)을 벗어난 수준까지 올라갈 수 있다. 심리를 담고 있기에 쏠림이 과할 수 있다는 것을 유념해서 소프트 데이터를 활용해야 한다.

특성에 따라 경제지표를 구분했다면 다음 단계로 경제 구조를 바탕으로 국가별 경제지표들의 경중을 따진다. 예를 들어 지출 부문 국민 계정(일정 기간의 국민 경제 활동 결과와 일정 시점의 국민 경제의 자산 및 부채 상황)상으로 미국 경제에서 소비가 차지하는 비중은 67%다. 따라서 미국 경제는 소비가 좌우한다고 할 수 있고 소비 관련 경제지표가 가장 중요한 경제지표다. 한편 중국 경제에서 투자가 차지하는 비중은 43%다. 중국 경제는 기업의 투자 관련 경제지표가 가장 중요하다. 한국의 경우 GDP에서 소비가 차지하는 비중이 수출을 넘어섰다. 수출 의존도가 높다는 이유로 낙수 효과에 기대어왔지만 과거와 상황이 달라졌다. 소비를 진작시켜야 성장을 재고할 수 있다. 이렇듯 나라마다 소비와 수출 등 경제지표의 중요도가 각각 다르다.

그러니 경제지표를 활용할 때 경중을 구분하는 과정이 필요하다. 첫째, 각국의 경제 구조를 바탕으로 경제지표들의 우선순위를 판별하고 둘째, 실물 경제를 반영하는 하드 데이터와 그와 선행관계에 있는 소프트 데이터들을 매칭하면서 경제지표를 이해해야 투자에 가장 적합하게 경제지표를 활용할 수 있다. 이 책에서도 국가와 데이터 특성에 따라 경제지표를 구분해 정리했다. 그리고 미국, 중국, 유럽, 한국 각각의 경제지표를 소프트 데이터와 하드 데이터로 나누었다. 물론 소프트 혹은 하드 데이터로 명확하게 나누기 어려운 지표도 있었지만 편의를 위해 조금 더 가까운 쪽으로 분류했음을 밝혀둔다.

매크로 투자 성공은 어렵다?

경제지표를 활용한 매크로 투자에 성공하기는 어렵다고 한다. 분명한 것은 어려운 것이지 불가능한 것이 아니다.

투자자라면 반드시 참고해야 할 지표들을 이 책에 모두 담았다. 개인 투자자가 전문가처럼 세세하게 지표를 이해할 필요는 없다. 하지만 이를 통해 거시경제의 흐름을 파악할 수는 있어야 현명한 투자를 하고 지속적인 수익을 창출할 수 있다. 모쪼록 이 책이 성공 투자의 친절한 조력자가 되었으면 하는 바람이다. 불가능은 단지 하나의 가능성일 뿐이다.

Contents

· Part 1 ·
미국 경제지표: 소비로 시작해서 소비로 끝난다

· Part 2 ·
중국 경제지표: 세계의 공장에서 세계의 시장으로

· Part 3 ·
유로존 경제지표: 역내 경제권에서의 순환이 중요하다

· Part 4 ·
한국 경제지표: 선진국형 구조 전환에 주목하라

거시경제 데이터를 구분하는 방법

이 책에서는 경제지표를 크게 국가별 경제 구조에 따라 분류한 후 소프트 데이터와 하드 데이터로 구분했다.

국가별 경제 구조에 따라 구분

$$Y = C_{Consumption} + I_{Investment} + G_{Government\ spending} + NX_{Net\ Exports}$$

GDP를 구하는 공식은 소비+기업 투자+정부 지출(투자 포함)+순수출이다. 즉, GDP는 소비, 기업 투자, 정부 지출(투자 포함), 수출, 수입이라는 5가지 요소로 구성된다고 볼 수 있다. 각 나라의 GDP 구성 요소 비율을 보면 그 나라의 경제 구조를 파악할 수 있다. 미국, 중국, 유럽, 한국의 GDP 구성 비율은 [표1]과 같다.

먼저 미국의 특징은 GDP에서 소비가 차지하는 비율이 크다는 점이다. 이는 경제에서 소비의 비중이 크다는 뜻이므로 소비 관련 경제지표를 눈여겨볼 필요가 있다. 중국의 경우 생각보다 소비의 비중이 크다는

	소비	기업 투자	정부 지출	수출	수입
미국	67	21	14	10	13
중국	38	43	17	19	16
유럽	52	22	22	47	43
한국	47	31	18	36	32

[표1] 2022년 말 기준 미국, 중국, 유럽, 한국의 GDP 구성 비율

출처: IMF, 한국은행, UPRISE

것에 주의해야 한다. 성장하는 국가인 만큼 투자의 비중이 높은 것도 하나의 특징이다. 유럽 역시 소비의 비중이 높은 편이지만 수출과 수입의 비중도 크므로 관련 지표에 유의해야 한다. 한국은 수출 의존도가 큰 국가인 만큼 GDP에서 수출과 수입이 차지하는 비중이 큰 편이다. 소비의 비율이 어느덧 가장 커졌다는 점도 기억할 필요가 있다.

데이터 특성에 따라 구분

소프트 데이터는 설문 조사 위주의 심리 지표를 뜻한다. 대표적으로 소비자 심리 지수가 있다. 한편 하드 데이터는 실물 지표로 산업 생산, 소비, 고용 등 실물 경제를 반영하는 데이터를 의미한다.

소프트 데이터는 선행성을 띤다. 즉, 소프트 데이터가 개선되면 경제 주체들의 실제 활동으로 이어진다고 기대할 수 있다. 단 심리 지표에는 낙관적 성향이 내재되어 있다는 점을 유의해야 한다. 이것이 비이성적 과열로 이어지며 펀더멘털을 벗어날 수 있기 때문이다.

Part

1

미국 경제지표:

소비로 시작해서
소비로 끝난다

미국은 전 세계 GDP에서 약 25%의 비중을 차지하는
명실상부 세계 1위의 경제 대국이다.
미국이 세계 경제와 우리나라 경제에 미치는 영향은
아무리 강조해도 지나치지 않다.
특히 기축 통화인 미 달러화 가치가 상승하면
세계 경제가 고통을 겪는다.
미국 GDP의 주요 요소인 소비, 투자, 정부 지출(투자), 수출입을
모두 주의 깊게 볼 필요가 있다.

Chapter 1

소비

미국 경제를 움직이는 핵심 엔진

　미국은 다른 주요 국가들에 비해 GDP에서 소비가 차지하는 비중이 월등하게 크다. 무려 67%다. 따라서 가계의 소비 지출 행태를 가늠해볼 수 있는 경제지표인 소비자 심리 지수가 중요하다. 소비자 심리 지수는 특정 그룹을 대상으로 주기적으로 설문하여 도출하는 소프트 데이터다. 경기 전망에 관한 기대를 반영하고 있어 이를 통해 소비 지출과 경기를 예측할 수 있다. 미국의 소비자 심리 지수와 가계 소비 지출은 역사적으로 평균 0.8 이상의 높은 정(+)의 상관관계를 보여왔다.

01

미시간대 소비자 심리 지수

University of Michigan Surveys of Consumer Sentiment Index

https://data.sca.isr.umich.edu/

미시간대 소비자 심리 지수는 1개월에 2회 격주로 발표된다. 먼저 발표되는 것을 잠정치(속보치), 뒤에 발표되는 것을 확정치라고 한다. 미시간대 소비자 심리 지수가 인간의 심리를 다루는 소프트 데이터인 만큼, 처음 발표된 것과 두 번째 발표되는 것에는 늘 차이가 있을 수 있다는 것을 기억하자. 주식시장은 확실한 과거보다 불확실한 미래에 더 민감하다는 점에서 잠정치 발표의 영향력이 더 크다.

미시간대 소비자 심리 지수는 월간 단위로 발표되기 시작한 1966년을 100으로 기준하고 있다. 지수의 해석은 첫째, 지수가 100 이상에 있는지 100 이하에 있는지를 파악하여 현재 미국의 소비 심리 수준을 가늠할 수 있다. 둘째, 지수의 상승세와 하락세를 가지고 소비자 심리 지수의 추세를 파악할 수 있다. 일례로 소비자 심리 지수가 50에서 55, 60, 70으로 3개월 연속 상승했다면 '미국의 소비 심리는 개선되고 있다'고 평가한다.

미시간대 소비자 심리 지수는 현재와 미래의 개인 금융 상황 및 내구재 구입 조건, 1년 후와 5년 후의 국내 경기 상황에 관해서도 질문한다.

[그림1] 미시간대 소비자 심리 지수

출처: refinitive, UPRISE

[그림2] 미시간대 소비자 심리 지수 중 인플레이션 지수

출처: refinitive, UPRISE

이를 통해 1년 후와 5년 후 기대 인플레이션을 도출하기도 한다. 특히 작금의 인플레이션 시대에 미국 가계의 기대 인플레이션을 측정할 수 있는 지표가 많지 않다는 점에서 이 지표의 중요도는 점차 높아지고 있다.

다만 소비자 심리 지수는 어디까지나 계획된 소비에 관한 정보를 제공한다. 그 결과가 반드시 실제 소비로 이어지지 않을 수도 있다는 점을 기억해야 한다.

◯━ 살펴보면 유용한 하위 지수

- 현재 경제 상황 지수: 시제를 '지금', '현재'에 맞추어 소비자들의 현재 재정 상황과 구매 계획 등을 측정한 지수. 차량 구매 여건과 주택 구매 여건은 실제 판매 데이터와 유사한 경향을 보여 금융시장뿐만 아니라 실물 경제 상황을 예측하는 데 유용
- 미래 기대 지수: 시제를 1년 후 혹은 5년 후 등 다가올 미래에 맞추어 미래의 재정과 경기 전망을 평가한 지수
- 인플레이션 지수: 소비자들에게 향후 12개월간 물가가 변동할 것이라고 생각하는지 그대로일 것이라고 생각하는지, 만약 변동한다면 얼마나 변동할 것이라고 생각하는지 조사한 지수. 1년 후 인플레이션과 5년 후 인플레이션을 바탕으로 하며 인플레이션 전망은 실제 인플레이션 변화에 선행하는 경향을 보이는데 이는 소비자들의 경기 전망이 실제로 경제에 영향을 미칠 수 있다는 것을 의미. 기대 인플레이션의 변화는 미국 연방준비제도이사회_{FED, Federal Reserve System}(연준)의 통화 정책에도 영향을 줄 수 있으므로 주의 깊게 봐야 함

02

콘퍼런스 보드 소비자 신뢰 지수

The Conference Board Consumer Confidence Index

https://www.conference-board.org/topics/consumer-confidence

비영리 연구 기관인 콘퍼런스 보드The Conference Board에서는 매월 미국의 5,000여 가구를 대상으로 차량 구매 계획, 이자율 전망, 휴가 계획 등 다양한 주제의 설문 조사를 실시한다. 이를 통해 측정하는 것은 경제 활동에 대한 소비자의 신뢰 수준이다. 1985년을 100으로 기준한다. 수치가 높을수록 소비자가 향후 경기를 낙관적으로 본다는 뜻이다.

소비자 신뢰 지수는 매월 1회, 마지막 주 화요일에 발표된다. 소비자

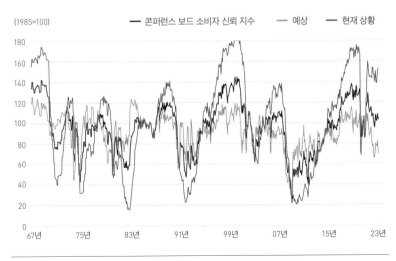

[그림3] 콘퍼런스 보드 소비자 신뢰 지수

출처: refinitive, UPRISE

신뢰 지수의 상승은 소비 지출이 증가한다는 신호와 같다. 소비 지출이 증가할수록 경기 회복과 인플레이션이 가속화될 것으로 기대하는 경향이 있어 중요도가 크다.

○─ 살펴보면 유용한 하위 지수

- 현재 상황 지수: 현재 시점의 경제와 고용 상황이라는 2가지 지수의 평균
- 기대 지수: 6개월 후 예상되는 경제, 고용, 소득 상황이라는 3가지 지수의 평균
- 지역별: 미국 9개 지역(북동부 중앙, 남동부 중앙, 중앙 애틀랜틱, 마운틴, 뉴잉글랜드, 태평양, 남 애틀랜틱, 북서부 중앙, 남서부 중앙)에서 실시한 설문 조사 결과

미시간대와 콘퍼런스 보드,
두 심리 지수를 어떻게 활용할까?

미국이라는 국가가 민간 주도의 경제 시스템을 토대로 만들어진 만큼 소비자 심리 지수도 민간 주도로 발표되고 있다. 대표적인 민간 기관으로는 1952년 11월부터 소비자 심리 지수 공표를 시작한 미시간대학교와 1967년 2월부터 소비자 신뢰 지수 공표를 시작한 비영리 민간 경제조사 기관인 콘퍼런스 보드가 있다. 그중에서도 가장 오래된 지표인 미시간대 소비자 심리 지수가 금융(주식)시장에 미치는 영향은 더 크다.

이 두 소비자 심리 지수는 미국 경기 선행 지수에 포함되어 있다. 미국 경제가 소비 중심 경제라는 점, 미국의 모든 소비 관련 지표 중에서 가장 선행성을 보이는 지표가 소비자 심리 지수라는 점에서 경기 선행 지수에 포함된 것이다. 이 둘은 실질적인 소비 지출 데이터에 선행한다. 기업으로 말하자면 실적 데이터에 선행하는 경우다. 소비 심리 소프트 데이터에 뒤따르는 하드 데이터로는 가계의 개인 소비 지출과 기업의 소매 판매 등이 있다.

참고로 경제학자들은 미국의 양대 소비자 심리 지수의 추이만 가지고도 대략 미국 경기의 흐름을 파악할 수 있다. 다만 소비자 심리 지수는 계획된 소비에 관한 정보를 제공하는 것으로 반드시 실제 소비로 전환되지 않을 수 있다는 한계점이 있다.

(2014=100) ━ 미시간대 소비자 심리 지수 ━ 콘퍼런스 보드 소비자 신뢰 지수

[그림4] 미시간대 소비자 심리 지수와 콘퍼런스 보드 소비자 신뢰 지수 비교

출처: refinitive, UPRISE

미시간대 소비자 심리 지수와 콘퍼런스 보드 소비자 신뢰 지수는 [그림4]처럼 대체로 비슷한 추이를 보이지만 단기적으로는 다른 방향으로 움직이는 경우가 종종 있다. 이는 두 지수의 발표 시기와 질문 유형 그리고 특징이 다르기 때문이다.

[표2]에서 보듯 미시간대 소비자 심리 지수는 질문 유형 자체가 가계의 수입과 지출 등 재정 상태에 관한 설문인 것에 비해 콘퍼런스 보드 소비자 신뢰 지수는 가계의 고용 상태를 주로 물어본다. 미국의 경기 중 고용시장은 견고하지만 가계 수입에서 큰 부문을 차지하는 주식시장이 부진할 때는 양 지수의 추이가 다르다. 예컨대 2018년 미국 고용시장은 완전 고용 수준 실업률을 유지했지만 미국·중국 무역 분쟁 발발로 주가는 부진했기에 미시간대 소비자 심리 지수와 콘퍼런스 보드 소비자 신뢰 지수에서 차이가 발생했다. 이렇게 두 지수에 내포된 함의를 잘 이해한 뒤 지수를 활용할 필요가 있다.

구분	미시간대 소비자 심리 지수	콘퍼런스 보드 소비자 신뢰 지수
발표 기관	미시간대학교	콘퍼런스 보드
발표 시기	해당 월 2~3주 차 금요일(잠정치), 마지 막 주 금요일(확정치)	해당 월 마지막 화요일

질문
유형
	• 가계의 수입과 재정 상태에 관한 소
	  비자의 반응에 중점
	• 현재와 미래의 개인 금융 상황 및
	  내구재 구입 조건, 내년과 5년 후의
	  국내 경기 상황 조사
		• 노동시장에 대한 가계의 반응에 중점
		• 현재의 경제 상황과 관련된 질문을
		  설문지에 포함

질문
내용
	1. 당신과 당신 가족의 생활 수준이 1년
	   전에 비해 개선되었는가?
	2. 당신과 당신 가족의 생활 수준이 1년
	   후에 나아질 것이라고 생각하는가?
	3. 향후 12개월 동안 당신의 재정 상황
	   이 좋을 것이라고 생각하는가?
	4. 앞으로 5년 동안 경제가 계속 좋을
	   것이라고 생각하는가?
	5. 가구, 냉장고, 오븐, 텔레비전 같은
	   고가의 물건들을 구입하기에 좋은
	   시기인가?
		1. 당신이 거주하는 지역의 경제 상황
		   을 어떻게 평가하는가?
		2. 6개월 후 당신이 거주하고 있는 지
		   역의 경제 상황이 어떻게 변할 것이
		   라고 생각하는가?
		3. 당신이 거주하고 있는 지역의 일자
		   리에 관해 어떻게 생각하는가?
		4. 6개월 후 당신이 거주하는 지역의
		   고용 상황이 어떻게 변할 것이라고
		   생각하는가?
		5. 6개월 후 당신 가구의 수입이 어떻
		   게 될 것이라고 생각하는가?

특징	• 기준연도가 1966년으로 매달 성인
	  500명을 대상으로 조사
	• 새로운 조사 대상과 재조사 대상을
	  6:4로 구성하는 순환 인터뷰 방식을
	  채택
	• 매달 (거의) 동일한 사람들을 조사
	  대상으로 해 콘퍼런스 보드 소비자
	  신뢰 지수 대비 변동 폭이 작음
	• 향후 1년에서 5년에 이르는 먼 미래
	  의 경제 상황에 대한 소비자의 기대
	  치 반영
		• 기준연도가 1985년으로 미국 전역
		  에서 매달 새로운 5,000개 가구를
		  대상으로 조사
		• 매달 새로운 그룹의 사람들을 조사
		  대상으로 해 미시간대 소비자 기대
		  지수 대비 변동 폭이 큼
		• 향후 6개월이라는 가까운 경제 상
		  황에 대한 소비자의 기대치 반영
		• 현황 지수와 기대 지수를 4:6으로
		  합산하여 현재보다 미래에 비중을
		  크게 둠

[표2] 미시간대 소비자 심리 지수와 콘퍼런스 보드 소비자 신뢰 지수의 차이

출처: UPRISE

03

뉴욕 연은 소비자 기대 지수

New York Survey of Consumer Expectations

http://www.newyorkfed.org

뉴욕 연방준비은행Federal Reserve Bank(연은)은 2013년부터 소비자 기대 지수를 조사해 매월 발표했다. 뉴욕 연은 소비자 기대 지수는 약 1,300가구를 대상으로 온라인에서 소득, 고용 상태, 주택 소유 상태 등을 비롯한 경제적 기대를 설문 조사한다.

뉴욕 연은 소비자 기대 지수에서는 같은 응답자들이 최대 12개월간 조사에 참여하기 때문에 매번 다른 대상을 상대로 한 조사와 달리 동일

[그림5] 뉴욕 연은 소비자 기대 지수 중 향후 인플레이션 지수

한 대상의 기대와 행동이 어떻게 변화하는지 관찰할 수 있다.

○— **살펴보면 유용한 하위 지수**

- 인플레이션: 기대 인플레이션, 주택 가격에 관한 질문의 답

- 고용시장: 1년 후 수입, 이직, 구직 등에 관한 질문의 답

- 가계 재정: 1년 후 가계 수입, 소비, 세금, 이율 등에 관한 질문의 답

- 주식시장: 1년 후 미국 주가가 지금보다 상승할 것인가에 관한 질문의 답

- 정부 부채: 1년 후 미국 정부의 부채가 상승 혹은 하락할 것인가에 관한

  질문의 답

01

소매 판매

Retail Sales

http://www.census.gov/

미국 GDP에서 소비가 차지하는 비중이 높은 만큼 소매 판매는 중요한 데이터다. 미국 사람이 돈을 많이 쓰면 미국 경제가 좋아지고 기축 통화국이자 순수입국이라는 특성을 가진 미국의 경제가 좋아지면 세계 경제도 좋아진다. 실제 수치가 예상치보다 높으면 미 달러화 가치와 경제 전망을 긍정적으로 볼 수 있다.

소매 판매는 미국 사람들의 씀씀이를 알려주는 지표지만 마트, 백화점, 소매점에서 쓴 돈만 추적한다는 한계가 있다. 실제로 소비에서 큰 비중을 차지하는 서비스재를 구매한 돈은 포함되지 않는 것이다.

이 지표에 주목해야 하는 이유는 발표 시점이 빠르기 때문이다. 또 다른 하드 데이터인 개인 소비 지출이 매월 말에 발표되는 데 비해 소매 판매는 매월 9번째 평일에 발표한다. 보름 정도 빨리 발표되기 때문에 소매 판매를 보면 개인 소비 지출도 예측할 수 있다. 게다가 소매 판매액뿐만 아니라 소비재 각각의 판매액도 알 수 있기 때문에 유용하다.

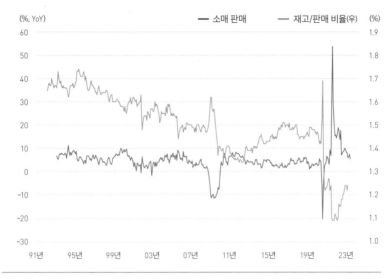

[그림6] 소매 판매와 재고/판매 비율 변화율

출처: refinitive, UPRISE

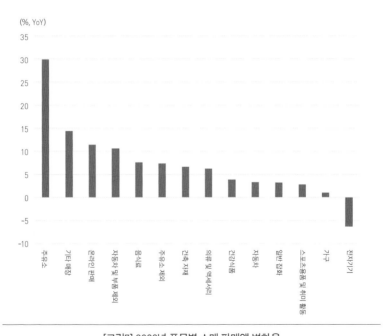

[그림7] 2022년 품목별 소매 판매액 변화율

출처: refinitive, UPRISE

- 품목별 소매 판매액: 자동차, 의류, 가구 등 품목별 판매액

- 재고: 품목별 재고액

- 재고/판매 비율: 판매량에 비해 재고량이 얼마나 쌓이는지를 나타낸 비율. 재고/판매 비율이 양수인 경우 재고가 쌓였다는 신호로 경제가 어렵다는 의미

개인 소비 지출

Personal Consumption Expenditures

http://www.bea.gov/

개인 소비 지출은 가계와 민간 기관이 물건을 사거나 서비스에 지불한 모든 비용으로, 쉽게 말해 미국인들이 쓴 돈의 총액이다. 이 지표를 보면 특정 기간에 사람들이 지출을 늘렸는지 줄였는지 알 수 있으므로 경기를 예측하는 데 도움이 된다. 예를 들어 개인 소비 지출이 증가했다면 사람들이 소비를 늘리고 있다는 뜻이며, 경기가 살아나리라고 예측할 수 있다. 개인 소비 지출은 미국 경기를 판단하는 주요 경제지표라는 점에서 미 연준이 금리를 인상 또는 인하할 때 중요하게 보는 지표기도 하다.

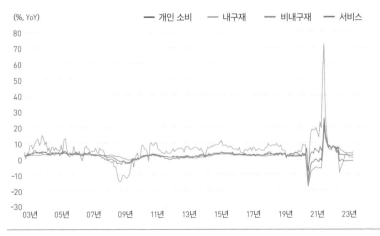

[그림8] 개인 소비 지출 변화율

출처: refinitive, UPRISE

- 내구재: 자동차, 냉장고 등과 같이 한 번 구입하면 오래 사용하는 상품의
  판매액

- 비내구재: 주로 1년 안에 사용하는 상품, 즉 음식료품, 의약품, 화장품
  등의 판매액

- 서비스: 병원, 영화관, 미용실 등 서비스업의 판매액

03

존슨 레드북 소매 판매

Johnson Redbook Retail Sales

http://www.redbookresearch.com/

존슨 레드북 소매 판매는 에드워드 존슨[Edward F. Johnson]이 1964년 창립한 레드북 리서치[Redbook Research]에서 발표하는 지표로, 미국 전역에 있는 약 9,000개 소매 판매점의 전주, 전월, 전년 대비 매출 증감률을 나타낸다. 레드북 소매 판매 지수는 매주 발표되기 때문에 미국인들의 소비 향방을 즉각 파악할 수 있다. 또 전년 대비 매출 증감률을 분석하면 전체 경제의 흐름을 예측할 수 있다. 실제 수치가 예상치보다 높은 경우 미 달

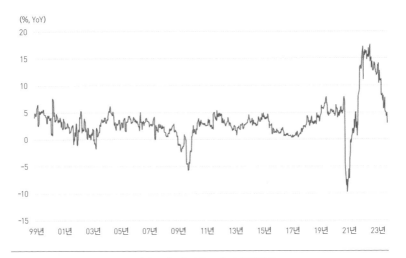

[그림9] 존슨 레드북 소매 판매 변화율

출처: refinitive, UPRISE

러화가 강세를 띠고 반대로 낮은 경우 미 달러화가 약세를 띤다고 해석
할 수 있다.

○─ 살펴보면 유용한 하위 지수

- 주간 단위 소매점: 전주 대비 소매점의 매출 증감률
- 항목별: 백화점, 할인점, 가구점, 약국 등 14개 항목으로 나누어 각각의
  판매액을 발표

소매 판매와 개인 소비 지출은
어떻게 다른가?

미국 경제에서 소비의 중요성은 아무리 강조해도 지나치지 않다. 설문 조사 방식을 통해 산출하는 소프트 데이터만 보더라도 미시간대 소비자 심리 지수와 콘퍼런스 보드 소비자 신뢰 지수 2가지로 구분되고 이들 모두 금융시장에서 의미 있게 통용된다.

소프트 데이터뿐만이 아니다. 하드 데이터 역시 소비에 관한 지표를 소매 판매와 개인 소비 지출로 구분하고 있다.

여기서 중요한 점은 주식시장에 상당한 의미를 보이는 소비 관련 소프트 데이터와는 달리 소비 관련 하드 데이터는 주식시장에 미치는 영향이 상이하다는 것이다. 결론부터 말하자면 주식시장에 영향력이 더 큰 소비 관련 하드 데이터는 소매 판매다. 주식시장은 기업 이익earning 의 집합체기 때문이다.

소매 판매는 기업의 판매량을 산출한 통계다. 주요 분야별로 기업이 얼마나 매출을 일으켰는지를 알 수 있다. 반면 개인 소비 지출은 가계의 소비액을 산출한 통계다. 이를 통해 각 가정에서 얼마큼 지출을 했는지를 알 수 있다. 즉, 소매 판매는 공급자(기업) 측면에서 소비를 나타내는 것이고 개인 소비 지출은 수요자(가계) 측면에서 소비를 나타내는 것이다.

기업은 이윤 극대화를 추구하는 경제 주체로서 매출 극대화를 도모할 유인이 높다. 이는 소매 판매 데이터가 미국의 실제 소비보다 과대 산출될 가능성이 있다는 것을 뜻한다. 반면 가계의 경우 지출이 크면 국세청IRS, Internal Revenue Service 등의 타깃이 될 수 있기 때문에 개인 소비 지출은 실제 소비보다 과소 산출될 가능성이 있다. 주식시장은 기업들의 이익을 다루는 곳이다. 그러니 당연히 기업을 조사하는 소매 판매 데이터에 주식시장 참여자들의 이목이 집중된다고 할 수 있다.

Chapter 2

소득

소비는 소득의 함수

경제학자 존 케인스John M. Keynes 는 소비에 가장 큰 영향을 주는 요인이 소득이라고 했다. 또 소득이 늘어나면 소비도 함께 늘어나지만 소비의 움직임은 소득보다 완만하다고 했다. 미국 경제에서 가장 중요한 요소인 개인 소비 지출을 파악하기 위해서는 소득 지표 역시 살펴볼 필요가 있다.

01

애틀랜타 연은 임금 상승 트래커

Atlanta FED Wage Growth Traker

http://www.frbatlanta.org

애틀랜타 연은에서 발표하는 지표로 개인의 임금 상승률을 나타낸다. 미국 최신 인구 조사의 데이터를 활용하며 12개월 간격으로 개인의 시급이 어떻게 변화하는지 추적한다. 주로 매월 두 번째 금요일에 발표되지만 정확한 시점은 인구 조사가 발표되는 시점에 따른다.

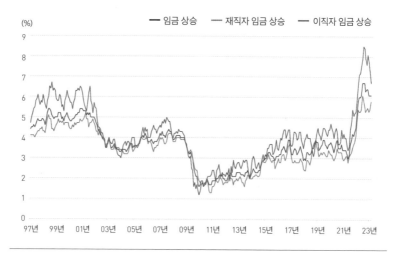

[그림10] 애틀랜타 연은 임금 상승 트래커

출처: refinitive, UPRISE

- 업종별: 7개 산업으로 구분

- 교육 이수별: 고졸 이하, 2년제 대졸, 4년제 대졸로 구분

- 근무 형태별: 풀타임(주당 35시간 이상 근무), 파트타임(주당 35시간 미만 근무)으로 구분

- 나이, 성별, 인종(백인, 비백인) 간 임금 차이도 확인 가능

01

개인 소득

Personal Income

http://www.bea.gov/

미국 내에서 개인이 벌어들이는 총수입을 나타내는 지표다. 미 상무부에서 매월 말 발표하며 모든 경로로 개인이 얻은 소득의 총액과 그 변화를 측정한다. 개인 소득은 임금, 월급, 수당, 이자, 배당금, 임대 수입 등 광범위한 소득원을 모두 포함한다.

[그림11] 개인 소득 증가율과 가처분 소득 대비 저축률

출처: refinitive, UPRISE

개인 소득은 개인의 경제적 안정성과 국가 경제의 건전성을 추적하는 데 중요한 지표다. 소비 지출, 저축, 투자 등의 경제 활동과 연관이 있어 경제 분석에 유용한 자료다.

개인 소득의 추세는 시간에 따라 다르며 경제 상황, 정책 변화, 인구 변화 등 다양한 요인에 영향을 받는다. 불황일 때는 감소하고 경기가 회복될 때는 상승한다. 정부의 세금 정책, 사회 복지 정책 등 정책 변화도 개인 소득에 영향을 미칠 수 있다.

○━ **살펴보면 유용한 하위 지수**

- 가처분 소득: 개인의 의사대로 쓸 수 있는 소득으로 가처분 소득이 증가하면 지출도 함께 증가
- 저축: 소득 대비 저축하는 액수

Chapter 3

고용

가계 소득의 원천, 근로 소득

가계 소득에서 가장 중요한 요인은 고용, 즉 급여다. 고용이 늘어나면 사람들의 주머니가 두둑해진다는 뜻이므로 경기를 낙관적으로 전망할 수 있다. 반대로 고용이 줄어들면 개인 소비 지출도 줄어들 가능성이 크고 경기 수축을 예상할 수 있다.

01

챌린저, 그레이 & 크리스마스

Challenger, Gray & Christmas

http://www.challengergray.com/

미국 취업 정보업체인 챌린저, 그레이 & 크리스마스_{Challenger, Gray &} _{Christmas}에서는 미국 기업들의 예정 감원 규모를 집계해 매월 발표한다. 이 지표가 예상 수치를 밑돌 경우 안전 자산 선호로 미 달러화가 강세를 띠는 경향이 있다. 직업별로 감원 계획도 알아볼 수 있다.

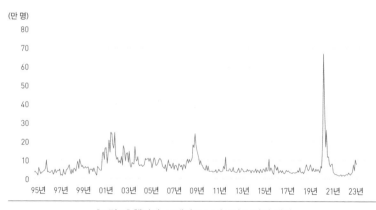

[그림12] 챌린저, 그레이 & 크리스마스 감원 계획

출처: refinitive, UPRISE

살펴보면 유용한 하위 지수

• 직업별 해고 수

캔자스시티 연은 고용시장 컨디션 지수

KANSAS CITY Labor Market Conditions

http://www.kansascityfed.org/

24개 고용시장 변수를 기반으로 고용시장의 컨디션을 2개월마다 측정한 지표다. 여기서 컨디션이란 고용시장의 활동 수준과 모멘텀을 말한다. 기준을 0으로 해서 수치가 플러스면 고용시장 컨디션이 장기 평균 수준보다 높다는 뜻이고 마이너스면 낮다는 뜻이다.

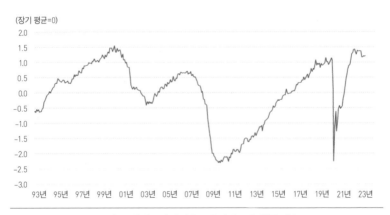

[그림13] 캔자스시티 연은 고용시장 고용 활동 지수

출처: refinitive, UPRISE

살펴보면 유용한 하위 지수

- 고용 활동 지수: 고용시장이 얼마나 활발한가를 보여줌
- 모멘텀 지수: 상승이나 하락 추세를 보여줌

하드 데이터

○ **01** ○

주간 실업 수당 청구 건수

Weekly Unemployment Insurance
http://www.dol.gov/

주간 실업 수당 청구 건수는 실업 수당을 신청한 사람의 수를 나타낸다. 미국 노동부에서 매주 미국 전역의 정부 기관이 발표하는 실제 보고서를 토대로 작성한다. 이 지표로 일반적으로 경제 활동 참가자 수 대비 얼마나 많은 사람이 실업 수당을 신청하는지를 파악할 수 있다. 불황이

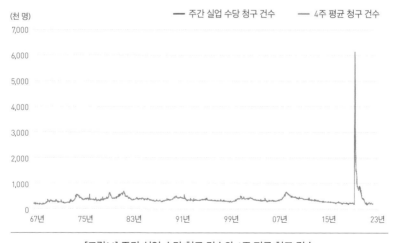

[그림14] 주간 실업 수당 청구 건수와 4주 평균 청구 건수

출처: refinitive, UPRISE

나 산업 구조의 변화, 자연재해 등으로 실업률이 증가하면 주간 실업 수당 청구 건수도 증가한다. 주간 실업 수당 청구 건수가 늘어날수록 고용 시장이 둔화되고 미 연준의 통화 정책이 완화된다.

이 지표는 경제 상황을 파악하는 데 중요한 경기 동행 지수로, 시기적절하게 발표되어 향후 경제 활동에 미칠 영향을 예측할 수 있도록 돕는다. 특히 12일이 포함된 주에 조사된 주간 실업 수당 청구 건수는 월초에 발표하는 미 노동통계국_{BLS, Bureau of Labor Statistics}의 고용 지표를 집계하는 기간과 조사 기간이 겹치므로 고용 지표의 향방을 미리 볼 수 있다.

여기서 중요한 것은 추세로, 실업 수당 청구자 수가 매주 증가하거나 계속해서 높은 수준을 유지한다면 경기 침체의 신호로 볼 수 있다. 반면 실업 수당 청구자 수가 매주 감소하거나 꾸준히 낮은 수준을 유지한다면 경기가 회복되거나 과열되는 국면이라고 판단할 수 있다.

살펴보면 유용한 하위 지수

- 신규 실업 수당 청구: 지난주에 처음으로 실업 수당을 청구한 사람 수
- 4주 평균 신규 실업 수당 청구: 1개월간 신규로 실업 수당을 청구한 사람 수의 평균
- 계속 실업 수당 청구: 최소 2주 이상 연속해서 실업 수당을 청구한 사람 수
- 지역별 실업 수당 청구: 미국 전역의 주州별로 실업 수당을 청구한 사람 수

ADP 민간 고용

ADP National Employment Report

https://www.adpri.org/

민간 고용 정보업체 ADP~Automatic Data Processing~에서 매월 발표하는 지표로 정부 부문을 제외한 비농업 부문의 월 변화를 볼 수 있다. ADP는 미국 민간 고용의 5분의 1에 해당하는 급여를 관리하고 인사 관리를 수행하는 회사로, 이런 특수성 덕분에 미국 노동시장의 동향을 조사할 수 있는 것이다. 약 40만 개 미국 기업들의 임금 데이터를 수집하고 스탠퍼드 디지털 이코노미 랩~Stanford Digital Economy Lab~의 도움을 받아 산출한다.

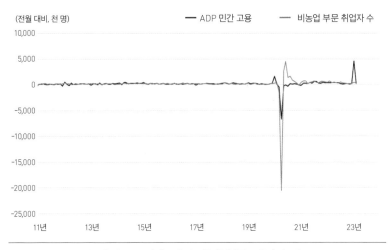

[그림15] ADP 민간 고용과 비농업 부문 고용자 수 비교

출처: refinitive, UPRISE

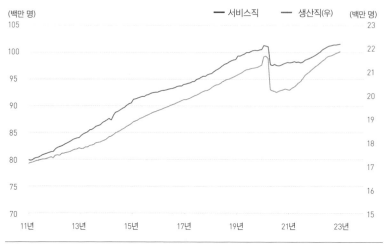

| (백만 명) | | | ── 서비스직 | ── 생산직(우) | (백만 명) |

[그림16] ADP 민간 고용 비농업 부문 서비스직과 생산직 고용자 수 비교

출처: refinitive, UPRISE

이 지표는 일자리와 임금을 포함해 미국 노동시장을 거의 실시간으로 명확하게 진단해 경제 흐름을 파악하기에 유용하다. BLS 고용 보고서보다 2일 먼저 발표되는 선행 지표여서 민간 고용을 예측하는 데 도움이 되지만 BLS 고용 보고서는 ADP 민간 고용보다 더 상세하고 포괄적이기에 두 지표가 항상 일치하는 것은 아니다.

○── 살펴보면 유용한 하위 지수

- 고용자 수: 전체 고용자 수의 변화

- 생산직, 서비스직: 생산직과 서비스직의 고용자 수

- 규모별 고용자: 기업 규모별 고용자 수

03

BLS 고용 보고서

Employment Situation
http://www.bls.gov/

BLS에서 매월 첫 주 금요일에 발표하는 고용 지표 보고서로 미국의 고용 및 실업과 관련된 수치를 보여준다. 이 지표는 사업장 설문 조사와 가계 조사를 통합한 것으로, 사업장 설문 조사의 조사 기간은 매월 12일이 포함된 급여 기간이고 가계 조사의 조사 기간은 매월 12일이 포함된 주간이다.

어떤 산업과 업종에서 일자리가 증가 혹은 감소하고 있는지 알 수 있

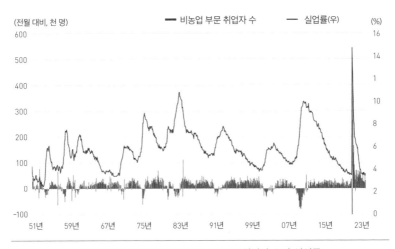

[그림17] BLS 고용 보고서 비농업 부문 취업자 수와 실업률

출처: refinitive, UPRISE

으며 나이, 성별, 인종 등으로 세분화된 지표를 제공한다. 급여와 근무 시간 등도 보여주어 전반적인 경제 건전성을 측정할 수 있다. 월간 경제지표 중 가장 먼저 발표되어 다른 경제지표를 예측하는 데 도움이 된다.

○─ 살펴보면 유용한 하위 지수

- 비농업 부문 취업자 수: 농업 종사자를 제외한 정규직과 비정규직
- 실업률: 실업자 수와 그 변화. 6가지 범주로 나눔

> U1: (15주 이상 장기 실업자)÷(경제 활동 인구)×100
>
> U2: (U1에 포함한 실업자+실직자)÷(경제 활동 인구)×100
>
> U3: (4주 이상 실업자)÷(경제 활동 인구)×100, 공식 실업률
>
> U4: (공식 실업자+실망 실업자)÷(경제 활동 인구+실망 실업자)×100
>
> U5: (공식 실업자+경계 실업자)÷(경제 활동 인구+경계 실업자)×100
>
> U6: (공식 실업자+경계 실업자+불완전 취업자)÷(경제 활동 인구+경계 실업자)×100

- 실망 실업자: 취업을 원하지만 경기 침체 또는 조건에 맞는 일자리를 구하지 못해 구직 활동을 단념한 사람
- 경계 실업자: 취업을 원하고 취업이 즉시 가능하며 지난 1년간 구직 활동을 한 경험이 있는 사람
- 불완전 취업자: 일용직, 임시직 등 지위가 불안하거나 반실업 상태의 영세 사업자 등 취업 중이지만 사실상 실업 상태인 사람
- 직업별 고용, 실업: 업종별 고용과 실업 상황
- 경제 활동 참가율: 주당 평균 근무 시간

고용 지표 조사 방식이
만들어내는 차이

최근 글로벌 투자자들의 이목이 경기로 쏠리고 있다. 특히 미국 경제가 침체에 진입한다는 전망이 많아지는 가운데 전미경제연구소NBER, National Bureau of Economic Research가 언제 미국의 경기 침체를 선언할지가 초미의 관심사다. NBER이 경기 침체를 선언하지 않는 배경에는 다양한 해석이 분분하지만, 완전 고용 수준을 보이는 견고한 고용 때문이라는 것이 정설이다.

BLS에서 매월 발표하는 고용 지표는 비농업 부문 취업자 수 증감과 실업률 외에도 경제 활동 참가율, 고용률 등 계산법이 각각 다른 지표들을 발표한다. 경기가 좋아지는데 실업률은 왜 올라가는지, 실업자와 경제 활동 참가율은 어떤 관계가 있는지 등 전문가가 아니면 쉽게 지나칠 수 있는 정보를 제대로 파악할 필요가 있다.

고용 지표를 산출할 때 만 15세 이상 인구는 경제 활동 인구와 비경제 활동 인구로 나뉜다. 즉, 경제 활동 의사가 있는 만 15세 이상 인구와 경제 활동 의사가 없는 만 15세 이상 인구가 한 국가의 노동 가능 인구인 것이다. 흔히 노동 가능 인구를 생산 가능 인구로도 부른다.

경제 활동 참가율은 만 15세 이상 인구 대비 경제 활동 인구로 계산한다. 코로나 이전 수준으로 취업자 수와 실업률 등이 회귀했음에도 불

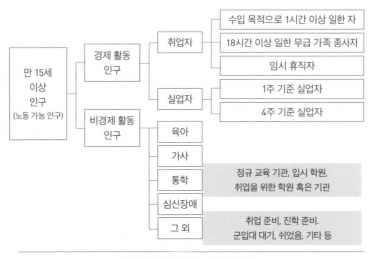

[그림18] 노동 가능 인구의 분류

출처: UPRISE

구하고 현재 미국의 경제 활동 참가율은 1%p 이상 낮은 수준을 보이고 있다.

경제 활동 인구는 취업자와 실업자로 구분한다. 취업자는 다시 임시직과 정규직 등으로 구분되고 실업자는 실업 기간과 형태에 따라 구분된다. 비경제 활동 인구는 육아, 가사, 통학, 장애 등 특별한 목적을 가지고 경제 활동을 포기한 사람으로 정의한다. 여기서 주목할 것은 실업률과 고용률을 계산하는 분모가 다르다는 것이다.

주요 고용 지표 산출 방법

- 경제 활동 참가율(%) = 경제 활동 인구÷만 15세 이상 인구×100

- 고용률(%) = 취업자÷만 15세 이상 인구×100

- 실업률(%) = 실업자÷경제 활동 인구×100

고용률은 만 15세 이상 인구 대비 취업자, 즉 취업자÷[(취업자+실업자)+비경제 활동 인구]로 계산한다. 취업자가 증가한다고 해서 반드시 고용률이 증가하는 것은 아니다. 비경제 활동 인구가 더 많이 증가하면 고용률은 하락할 수 있다.

실업률은 경제 활동 인구 대비 실업자의 비율로 계산한다. 즉, 실업자÷(취업자+실업자)다. 취업자가 증가하면 실업자에 변화가 없더라도 실업률이 하락할 수 있다.

한편 현재 발표되고 있는 고용 지표가 코로나 이후 구조적인 변화를 제대로 반영하지 못하고 있을 가능성이 계속 대두되고 있다. 이유는 기업 조사CES, Current Employment Survey와 가계 조사CPS, Current Population Survey로 이원화된 고용 지표 산출 구조 때문이다. 둘의 차이에 따라 나타내는 수치와 시사점이 다르다.

최근 실업률은 완전 고용 수준, 비농업 부문 취업자 수 증감은 견고함 유지 등 고용 지표가 너무 좋게만 발표되고 있다. 그 이유는 CPS와 CES의 한계 때문이다. CPS에 기반한 실업률은 베버리지 곡선이라든지 경제 활동 참가율의 하락 등으로 실제 수치보다 1%p 이상 낮을 것이라는 시각이 많다. 여기에 CES 결과는 코로나 이후 미국 고용시장의 구조적 변화를 정확히 반영하지 못하고 있다. 실제 서비스업 고용 회복 속에서 N잡러portfolio employee와 임시 해고자 등의 증가로 현실보다 비농업 부문 취업자 수 증감이 과대 계산되었을 가능성이 있다.

	CPS	CES
조사 범위	16세 이상 인구	비농업 급여 받는 직장인
조사 규모	월별 조사 약 6만 명	기업과 정부 대상 13.1만 명(67만 명 개별 작업장 포함)
조사 대상	노동력, 고용, 실업률 등 인구 통계학적 관련된 비율	신규 고용, 근무 시간, 임금 등 사업체 세부 정보
조사 기간	매월 12일이 포함된 주	매월 12일이 포함된 고용주 급여 기간
조사 개념	무급 휴직자 포함한 취업자 추정 (N잡러는 1회만 계산)	급여 기간에 급여를 받은 사람만 포함 (N잡러는 각각의 사업장에서 계산)
고용 조사 포함 여부	•포함: 자영업자, 가족 사업체, 농업 관련 종사자, 무급 휴가자 •예외: 임시 해고자(급여를 받는 임시 휴직자 포함)	•포함: 임시 해고자를 포함해 급여를 받는 모든 경우 •예외: 농업 관련 산업 등 비농업 부문 이 아닌 경우
90% 신뢰 수준에서 편차	50만 명	12만 명
설문 조사 결과 조정	10년마다 실시하는 인구 조사 기 간 반영	매년 실업 보험[UI] 세금 기록에서 파생되 는 고용 수를 반영

[표3] CPS와 CES 비교

출처: BLS, UPRISE

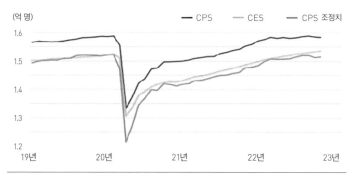

[그림19] CPS와 CES의 차이

출처: refinitive, UPRISE

Chapter 4

부동산

부의 효과로 가계 소득을 결정

부동산 가격이 상승하면 가계의 재산 소득이 증가하는 것으로 본다. 자산의 가치가 증가하면 그 영향으로 소비가 늘어나는 '부의 효과wealth effect'가 일어난다. 즉, 부동산 가격이 증가하면 투자와 소비가 증가하므로 경제 성장에 영향을 미친다.

01
NAHB 주택시장 지수

National Association of Home Builders Housing Market Index

http://www.nahb.org/

NAHB 주택시장 지수란 전미주택건설협회NAHB, National Association of Home Builders가 매월 중순 현재 및 미래 단독 주택 판매의 상대적 수준을 측정해 발표한 지수를 뜻한다. 매달 약 900개 건설업체, 14만 명의 협회 회원들을 대상으로 6개월 후 판매 기대, 구매 대기 및 판매 조건 등에 관한 설문 조사를 진행한 것을 근거로 한다.

NAHB의 회원들이 미국 신규 주택의 약 80%를 건설한다. 따라서 NAHB 주택시장 지수는 미국의 향후 주택시장을 전망하는 데 도움이 된다. 0에서 100까지 표시되는데 이 수치가 50을 넘을 경우 주택 판매 전망을 낙관적으로 예측한다. 반면 50 미만일 경우 주택 판매 전망을 비관적으로 보면 된다.

NAHB 주택시장 지수의 하위 지수 중 구매 대기 지수와 판매 예상은 주택 착공의 선행 지표 성격을 일부 가지고 있으나 선행성은 제한적이라고 할 수 있다. 지역별로 세분화되지 않아서 신규 단독 주택 수요가 강세를 보이는 지역과 약세를 보이는 지역까지 구분하기는 어렵기 때문이다.

[그림20] NAHB 주택시장 지수와 현재 상황, 6개월 후 전망

출처: refinitive, UPRISE

[그림21] 지역별 NAHB 주택시장 지수

출처: refinitive, UPRISE

살펴보면 유용한 하위 지수

- 현재 상황: 주택시장의 현재 상황

- 6개월 후 전망: 6개월 후 신규 주택 매매에 대한 시장 조건

- 구매 대기 지수: 신규 주택을 구매할 것으로 예상되는 구매자 수

- 지역별 주택시장: 미국 전역의 주택시장 상황

모기지 신청 지수

Mortgage Applications, Market Composite

https://www.mba.org/

모기지 신청 지수는 모기지은행협회MBA, Mortgage Bankers Association가 주간 단위로 받은 모기지 신규 신청서를 기준으로 부동산을 담보로 주택을 구매한 수를 측정해 매주 발표하는 지수다. 그중 구매 대출 신청은 기존 주택의 판매 추이가 어떻게 변화할지 예측하는 선행 지표의 역할을 한다.

한편 모기지 재융자 신청은 소비자들의 현금 흐름을 결정해 가계 소비 성향에도 영향을 준다. 즉, 모기지 재융자 신청이 늘면 현금 흐름이

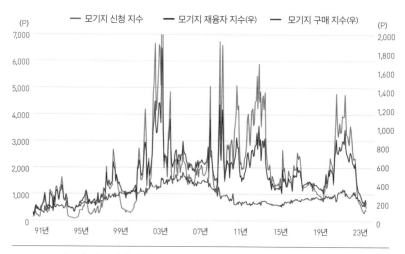

[그림22] 모기지 신청 지수와 모기지 재융자 지수, 모기지 구매 지수

출처: refinitive, UPRISE

좋아져 가계 소비가 활발해진다.

　모기지 신청 지수는 향후 개인들의 소비 성향 변화를 예측할 수 있다는 장점이 있다. 하지만 추산 지수라는 특성상 변동성이 높아 시장에 미치는 영향은 작다.

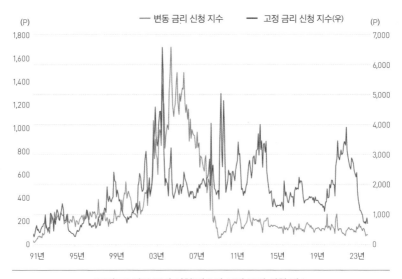

[그림23] 변동 금리 신청 지수와 고정 금리 신청 지수

출처: refinitive, UPRISE

○─ 살펴보면 유용한 하위 지수

- 모기지 구매 지수: 모기지로 주택을 구매한 수

- 모기지 재융자 지수: 모기지 계약 기간 만료 후 갱신한 수

- 고정 금리 신청 지수: 고정 금리 모기지FRM, Fixed-rate Mortgage를 신청한 수

- 변동 금리 신청 지수: 변동 금리 모기지ARM, Adjustable-rate Mortgage를 신청한 수

01

신규 주택 판매

New Housing Sales

http://www.census.gov

신규 주택 판매는 미국 인구조사국이 매달 제공하는 신규 주택 판매 량과 월간 증가율 자료다. 기존 주택 판매와 마찬가지로 모기지 금리에 의존하며 전체 판매 수치뿐 아니라 재고와 주택 가격도 중요한 하위 지 수다.

경제 전망에 불안을 느끼면 주택 구매도 주춤해지기 마련이다. 이 수

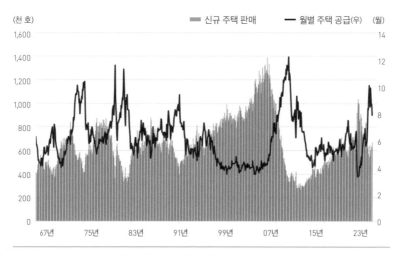

[그림24] 신규 주택 판매와 월별 주택 공급

출처: refinitive, UPRISE

치는 투자와 고용, 지출, 생산에 영향을 미친다. 특히 소비 지출의 패턴이 바뀌기 시작하면 그 징조가 신규 주택 판매에서 가장 먼저 드러난다. 따라서 이 지표는 주택시장에 관한 시의성 있는 지표인 동시에 미래 경제 활동을 예측하는 정확성 높은 지표로 여겨진다.

다만 계절의 영향을 고려해야 하며 계절 조정에도 불구하고 과장 혹은 왜곡의 가능성이 있다.

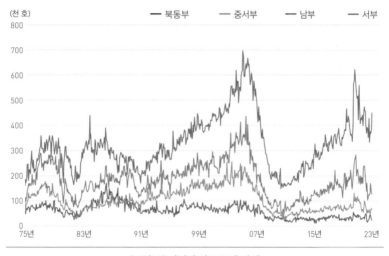

[그림25] 지역별 신규 주택 판매

출처: refinitive, UPRISE

◯─ 살펴보면 유용한 하위 지수

- 신규 주택: 신규 주택이 늘어나는 수치. 이것이 늘어나면 투자, 고용, 지출, 생산 등도 증가

- 지역별 신규 주택 판매

- 신규 주택 판매 기간: 신규 주택이 판매된 기간

- 주택 공급 지수: 주택이 공급된 수

기존 주택 판매

Existing-Home Sales

http://www.realtor.org/

기존 주택 판매란 미국 부동산중개인협회NAR, National Association of Realtors가 발표하는 매달 판매된 기존 주택을 연율로 환산한 수치다. 이때 기존 단독 주택, 아파트 등의 매각을 위한 마감 거래만 포함한다.

이 지표는 주택시장의 강세와 수요를 보여준다. 나아가 주택 보험이나 생활용품 같은 주택 관련 산업의 미래를 전망하는 데 도움이 된다.

[그림26] 기존 주택 판매와 기존 주택 중위 가격

출처: refinitive, UPRISE

 **살펴보면 유용한 하위 지수**

- 기존 주택 중위 가격: 기존 주택의 가격을 높은 순으로 놓았을 때 가운

  데 있는 가격

03

주택 구입 부담 지수

Housing Affordability Index

http://www.realtor.org/

가장 최근의 주택 가격과 소득 데이터를 기반으로 중위 소득을 가진 가계가 주택 담보 대출을 받을 만큼 소득을 벌어들이고 있는지 측정하는 지수다. 이 지표 역시 NAR이 조사해 발표한다. 주택 구입 부담 지수가 기준인 100을 넘으면 중위 가구가 모기지를 받을 정도로 소득이 충분하다는 것을 의미한다.

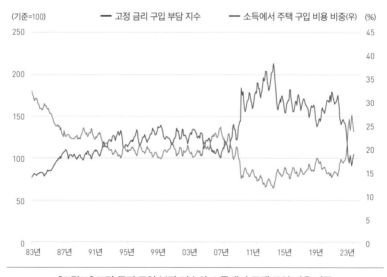

[그림27] 고정 금리 구입 부담 지수와 소득에서 주택 구입 비용 비중

출처: refinitive, UPRISE

살펴보면 유용한 하위 지수

- 고정 금리 구입 부담: FRM으로 주택을 구매할 만큼 소득이 있는가를 보여주는 지수

- 소득에서 주택 구입 비용 비중: 소득에서 주택 구입 비용이 늘었는가 줄었는가를 보여주는 지수

- 원리금 상환 금액: 매달 상환하는 원리금 액수

04

미결 주택 판매 지수

Pending Home Sales
http://www.realtor.org/

미결 주택이란 주택의 매매 계약까지는 성사되었으나 아직 최종 대금
은 지급되지 않아 거래가 완결되지 않은 상태의 주택을 말한다. 미결 주
택 판매 지수는 계약 단계의 잠정 수치를 보여주므로 기존 주택 판매의
선행 지표로 활용할 수 있다. 이 지표 역시 NAR이 매월 말 전월 통계를
발표한다.

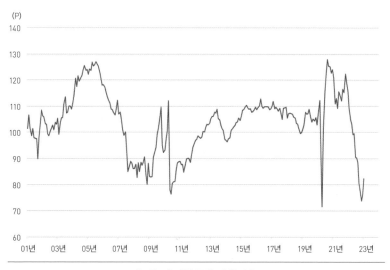

[그림28] 미결 주택 판매 지수

출처: refinitive, UPRISE

[그림29] 지역별 미결 주택 판매 지수

출처: refinitive, UPRISE

 살펴보면 유용한 하위 지수

- 지역별 미결 주택 판매 지수

주택 착공 및 허가 건수

Housing Starts/Housing Permits Aauthorized

http://www.census.gov/

주택 착공 및 허가 건수는 해당 월에 착공에 들어가거나 기초 공사 허가를 받은 신규 주택을 나타내는 지표다. 향후 수개월 후 주택 경기를 전망할 수 있는 선행 지표다.

이 지표는 변동성이 크다. 기후 변화에 민감하며 모기지 금리 하락 후

[그림30] 착공 건수와 허가 건수

출처: refinitive, UPRISE

수개월이면 변동이 나타날 만큼 시의성이 높다. 주택 규모나 가격에 관한 정보를 알아보기에는 부족한 부분이 있으며, 단독 세대에서 다세대 주택으로 나뉘어 건설된 호수만을 알 수 있다는 한계가 있다.

○── **살펴보면 유용한 하위 지수**

- 착공 건수: 착공에 들어간 신규 주택의 수
- 허가 건수: 건축 허가가 난 신규 주택의 수
- 지역별 허가 건수: 미국 주州별로 건축 허가가 난 신규 주택의 수

S&P/CS 주택 가격 지수

S&P/CASE-SHILLER National Home Price Index

http://www.standardandpoors.com/home/

케이스-실러_{CS, Case-Shiller} 주택 가격 지수는 칼 케이스_{Karl E. Case} 웰즐리대

학교 교수와 로버트 실러_{Robert James Shiller} 예일대학교 교수가 공동 개발한

것으로, 신용 평가업체인 스탠더드 앤드 푸어스_{S&P, Standard & Poor's}와 함께

지수를 산출해 매월 발행한다. 이를 S&P/CS 주택 가격 지수라고 하며

미국 부동산시장의 거래를 기반으로 주택 가격의 변동을 측정한다.

전국 지수는 분기별로 2월과 5월, 8월, 11월의 마지막 주 화요일에, 나

[그림31] S&P/CS 주택 가격 지수 변화율

출처: refinitive, UPRISE

머지 3가지 지수는 매달 마지막 주 화요일에 2개월 전을 기준으로 발표한다. 그 외에 20개 개별 MSA_{Metropolitan Statistical Area}(대도시 통계 지역) 지수, 10개 MSA를 종합한 10대 대도시 지수_{Composite 10 Index}, 20개 MSA를 종합한 20대 대도시 지수_{Composite 20 Index} 등도 확인할 수 있다.

주택 가격은 거시경제를 분석하는 데 중요한 지표다. S&P/CS 주택 가격 지수는 미국 주택시장의 가격 동향과 건전성을 파악하는 자료로 사용된다. 실제 수치가 기대치보다 높은 경우 미 달러화의 가치와 전망을 긍정적으로, 낮은 경우 부정적으로 볼 수 있다.

○— 살펴보면 유용한 하위 지수

- 10대 대도시, 20대 대도시의 주택 가격 지수
- 지역별 주택 가격 지수

FHFA 주택 가격 지수

Federal Housing Finance Agency house price

http://www.fhfa.gov/

미국 연방주택감독청_{FHFA, Feaeral Housing Finance Agency}에서 발표하는 주택 가격 지수로, 정부 기관에서 발표하는 만큼 공신력이 있다. 다만 모든 주택의 가격을 조사하는 게 아니라 정부가 인정하는 금융 기관에서 돈을 빌려 거래하는 주택의 가격만 조사한다는 한계가 있다.

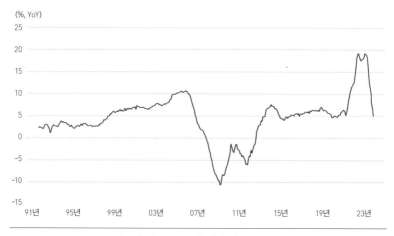

[그림32] FHFA 주택 가격 지수 변화율

출처: refinitive, UPRISE

 살펴보면 유용한 하위 지수

• 지역별 주택 가격 지수

Chapter 5

기업 활동

세계 경제까지 엿볼 수 있는 기업 경제지표

기업 활동은 미국의 GDP에서 21%를 차지하므로 미국 경제를 판단할 때 빼놓을 수 없는 요소다. 투자는 이자율의 함수다. 금리와 물가가 상승하면 기업 투자가 위축되고 금리와 물가가 하락하면 기업 투자가 확대되는 경향을 보인다. 미국의 기업 활동과 관련된 경제지표들을 살펴보면 미국 경제는 물론 세계 경제까지 예측할 수 있다.

01
ISM 지수
Institute for Supply Management Index
http://www.ismworld.org/

미국 기업의 경제 상황 전반을 가늠해볼 수 있는 지표다. 미국 공급자 관리협회ISM, Institute for Supply Management가 매달 미국 내 20개 업종, 400개 이상의 회사를 대상으로 설문 조사를 실시해 긍정적 전망과 부정적 전망의 차이값 및 경기 변동 지수를 발표한다.

50을 기준으로 하며, 50이 넘을 경우 경기가 확장한다는 것을 의미하고 50 이하일 경우 경기가 수축한다는 것을 의미한다. 확산 지수DI, Diffusion Index로 지수에는 5개 항목(신규 수주, 생산, 고용, 물품 인도, 재고)만 영향을 주지만 그 외에도 고객 재고, 물가, 주문 잔고 등 다른 의미 있는 값들을 함께 발표한다.

이 지수는 제조업 지수와 비제조업(서비스업) 지수로 발표된다. 1915년 이래로 제조업 지수만 발표해왔지만 점차 서비스업이 미국 경제에 중요한 역할을 하기 시작하면서 1997년부터 서비스업 지수도 발표하게 되었다.

ISM 제조업 지수는 미국 시간 기준 매월 첫 영업일에 발표된다. 월간 경제지표 중 가장 빨리 발표되는 지표로 BLS 고용 보고서보다 먼저 발

[그림33] ISM의 제조업 지수와 서비스업 지수

출처: refinitive, UPRISE

표된다. 이 지수는 제조업만을 다루지만 이후 발표될 경제지표들의 추세에 관해 많은 정보를 제공하는 매우 중요한 지표다. 나는 ISM 제조업 지수에 '알코아'라는 별명을 붙였는데, 과거 기업 실적 시즌의 시작을 알렸던 알루미늄 기업 알코아$_{Alcoa}$처럼 그달 미국 경제지표의 향방을 보여주기 때문이다.

한편 서비스업 지수는 매월 셋째 영업일에 발표된다. 서비스 부문은 미국 GDP의 대다수를 차지하기 때문에 ISM 서비스업 지수는 미국 경제를 전반적으로 파악하기에 매우 유용하다.

◯― 살펴보면 유용한 하위 지수

• 세부 항목: 신규 수주, 생산, 고용, 물품 인도, 재고

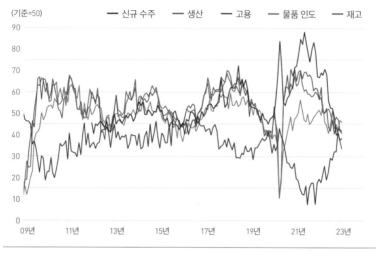

(기준=50) — 신규 수주 — 생산 — 고용 — 물품 인도 — 재고

[그림34] ISM 제조업 지수 세부 항목

출처: refinitive, UPRISE

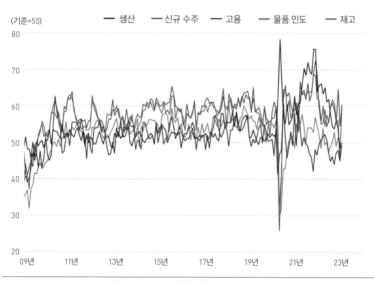

(기준=50) — 생산 — 신규 수주 — 고용 — 물품 인도 — 재고

[그림35] ISM 서비스업 지수 세부 항목

출처: refinitive, UPRISE

S&P 글로벌 PMI 지수

S&P Global Purchasing Managers Index

https://www.markiteconomics.com/Public/Home/Index?language=en

S&P가 민간 기업들의 구매 관리자들을 대상으로 설문 조사를 해서 매월 발표하는 수치다. 전 세계 40개국 이상의 기업 총 2만 8,000여 개를 대상으로 조사한 구매 관리자 지수PMI, Purchasing Managers Index 데이터를 종합하여 계산한다. 이들 국가는 전 세계 GDP의 89%를 차지한다.

PMI 지수에는 경제의 전반적인 상태를 보여주는 수치와 GDP, 인플레이션, 수출, 설비 가동률, 고용 및 재고 등 다른 주요 경제 동인을 통찰하는 하위 지수가 포함된다. 제조업 PMI 지수와 서비스업 PMI 지수의 조

[그림36] S&P 글로벌 PMI 지수

출처: refinitive, UPRISE

합으로 이루어져 있으며, 이 둘을 따로 살펴보면 세계 경제의 세부적인 동향을 파악할 수 있다.

각각의 PMI 지수는 0에서 100 사이의 범위에서 측정된다. 50을 기준으로 50 이상이면 경기가 좋아지고 50 미만이면 경기가 나빠진다고 전망한다. 이를 통해 세계 경제 전반의 건전성과 비즈니스 상황 변화를 적시에 통찰할 수 있다.

○— **살펴보면 유용한 하위 지수**

· 제조업, 서비스업 지수: 제조업과 서비스업의 PMI 지수

· 세부 항목: 신규 수주, 생산, 고용, 물품 인도, 재고

두 제조업 지수로 살펴보는
미국 제조업 경기

미국의 대표 제조업 지수인 ISM 제조업 지수와 S&P(마킷) 제조업 PMI 지수에서는 상이한 흐름이 종종 나타난다. 이는 ISM 제조업 지수와 S&P(마킷) 제조업 PMI 지수의 특성이 다르기 때문이다. 두 지수의 특성을 비교해서 미국 제조업 경기의 흐름을 제대로 파악할 필요가 있다. 미국의 ISM 지수와 S&P에서 발표하는 S&P(마킷) 제조업 PMI 지수는 미국의 제조업 경기 상황을 가늠할 수 있는 대표 소프트 데이터라는 점에서 공통점이 있다. 하지만 질문 방식에서 산출 방식 그리고 도출 방법까지 다른 부분이 많다. 따라서 두 지수의 차이를 정확히 알아

	ISM 제조업 지수	S&P(마킷) 제조업 PMI 지수
질문 방식	자의적directional question	구체적pointed question, 응답에 대한 근거 제시
다국적 기업	미국 외 지역 활동 포함(글로벌 환경에 민감)	미국 내 지역 활동만 감안
샘플링 방식	약 400개, 대기업 위주	약 800개, 중소기업 포함
가중치	단순 평균(메인 지표 5개 각 20%)	중요도별 차등(신규 수주 30%, 생산 25%, 고용 20%, 생산자 인도 15%, 재고 10%)
시계열	1948년~	2007년~

[표4] ISM 제조업 지수와 S&P(마킷) 제조업 PMI 지수 비교

출처: UPRISE

야 지표에 내포된 함의를 이해할 수 있다.

첫째, S&P(마킷) 제조업 PMI 지수의 경우 설문 방식이 상당히 구체적이다. 경기가 좋다고 판단했다면 그에 대한 근거를 제시한다. 반면 ISM 제조업 지수는 정형화된 질문을 통해 데이터를 산출하는 자의적인 방식을 따른다.

둘째, ISM 제조업 지수는 미국 외 지역에서 활동하는 제조업체들을 기반으로 조사하는 반면 S&P(마킷) 제조업 PMI 지수는 미국 내에서만 활동하는 제조업체들을 기반으로 조사한다. 즉, ISM 제조업 지수의 조사 대상은 글로벌 기업, S&P(마킷) 제조업 PMI 지수의 조사 대상은 내수 기업이다.

셋째, 샘플링 방식이 다르다. ISM 제조업 지수의 경우 규모가 큰 대기업 위주로 산출한다. 반면 S&P(마킷) 제조업 PMI 지수는 중소기업을 포함한다. S&P가 조사하는 기업들의 수는 약 800개로 400개인 ISM에 비해 2배 이상 많다.

넷째, 전체 지수를 산출하는 방식이 다르다. ISM 제조업 지수의 경우에는 대표 5개 항목들의 산술평균으로 산출하는 반면 S&P(마킷) 제조업 PMI 지수는 중요도별로 가중치를 둔다.

다섯째, 시계열에 차이가 있다. ISM 제조업 지수는 제2차 세계 대전 직후인 1948년부터 조사를 이어온 반면 S&P(마킷) 제조업 PMI 지수의 경우 2007년부터 조사를 시작했다.

03

센틱스 투자자 기대 지수

Sentix Investors Sentiment

http://www.sentix.de/index.php/en/

독일의 시장 조사업체인 센틱스_{Sentix}에서 발표하는 미국 투자자 기대 지수다. 미국의 향후 6개월간 주가 지수, 채권, 외환, 상품 시장에 대한 기대를 수치로 발표한다. 투자자 및 애널리스트 약 2,800명을 대상으로 실시한 설문 조사에 근거를 둔다. 이 수치가 기준인 0보다 크면 경기를 낙관적으로, 0보다 작으면 비관적으로 전망한다는 뜻이다.

[그림37] 센틱스 미국 투자자 기대 지수

출처: refinitive, UPRISE

04

콘퍼런스 보드 CEO 신뢰 지수

Conference Board Measure of Chief Executive Officer Confidence

http://www.conference-board.org/

분기별로 미국 기업 최고 경영자CEO, Chief Executive Officer 100명을 대상으로 비즈니스, 산업 및 경제 상황에 대한 생각과 전망을 조사해 산출한 지수다. 향후 자본 지출, 고용, 채용, 임금에서 어떤 조치를 취할지도 측정한다.

수치는 50을 기준으로 이보다 높으면 조사 대상의 전망이 낙관적인 것으로, 50보다 낮으면 비관적인 것으로 본다. CEO들의 생각과 결정은

[그림38] 콘퍼런스 보드 CEO 신뢰 지수와 6개월 후 전망

출처: refinitive, UPRISE

향후 경기에 큰 영향을 끼치므로 이 지수는 경기 선행 지표와 기업 실적에 선행한다.

● 살펴보면 유용한 하위 지수

- 6개월 후 전망: 6개월 후의 경기 전망
- 6개월 후 전망과 현재 상황의 차이

NFIB 불확실성 지수

National Federation of Independent Business Uncertainty Index

http://www.nfib.com/

전미독립기업연맹NFIB, National Federation of Independent Business이 미국 자영업자들의 체감 경기를 조사해 발표하는 지수다. 기준선 100을 상회하면 경기가 확장한다고 전망한다.

세부 지수 중 경제 성장 전망은 향후 기업들의 확신으로 이어져 다양한 결정의 근거가 된다. 또 고용 관련 지수(고용 계획, 현재 구인 수준)는 기업

[그림39] NFIB의 전미독립기업 불확실성 지수와 소기업 낙관 지수

출처: refinitive, UPRISE

의 노동 수요와 유휴 노동력을 판단하는 데 용이하다. 단 NFIB 가입 기업이 미국 경제 전체를 대변하는 것은 아니다.

살펴보면 유용한 하위 지수

- 소기업 낙관 지수: NFIB 가입 소기업이 경기를 낙관하는 정도

TIPP 경제 낙관 지수

TIPP Economic Optimism Index

http://www.technometrica.com/

테크노메트리카 정책정치연구소TIPP, TechnoMetrica Institute of Policy and Politics에서 미국 경제에 관한 미국인의 생각과 전망을 측정한 수치다. 미국 전역의 성인 900명을 대상으로 6개월 후의 경제 전망, 개인 재정 전망, 미 연준의 경제 정책에 대한 평가를 설문 조사한 것에 기반한다.

수치가 기준인 50을 넘을 경우 경제 전망이 낙관적, 50 미만일 경우

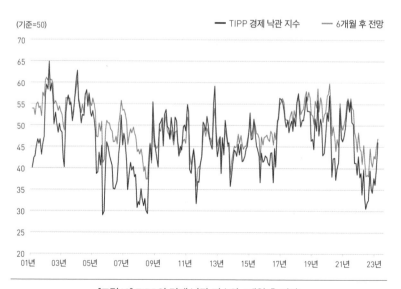

[그림40] TIPP의 경제 낙관 지수와 6개월 후 전망

출처: refinitive, UPRISE

비관적이라는 의미다.

◯━ **살펴보면 유용한 하위 지수**

- 6개월 후 전망: 6개월 후 경제가 좋아질 것인가 나빠질 것인가에 대한
  답변

- 6개월 후 개인 재정 상태: 6개월 후 가계 경제가 좋아질 것인가 나빠질
  것인가에 대한 답변

- 중앙은행 경제 정책 평가: 미 연준의 경제 정책에 관한 생각

01

산업 생산

Industrial Production

http://www.federalreserve.gov/

매월 미국의 제조업, 광산업 그리고 유틸리티업에서 생산하는 양을 보여주는 지표다. 미국의 공장에서 과거에 비해 얼마나 많은 물건을 생산하고 있는지 나타내므로 미국 경제가 어떤 상황인지 진단할 수 있다. 이 지수가 하락하고 있으면 미국 경제가 나쁘다는 뜻이고, 상승하고 있으

[그림41] 산업 생산과 가동률

출처: refinitive, UPRISE

면 좋다는 뜻이다. 미·중 패권 경쟁의 일환으로 미국 제조업의 부흥을 위한 리쇼어링reshoring 정책이 강화되고 있어 산업 생산 지표는 갈수록 유용해질 것이다.

○─ 살펴보면 유용한 하위 지수

- 특별 그룹별 산업 생산: 제조업, 광산업, 유틸리티업의 생산량
- 가동률: 공장에서 상품을 생산하기 위해 설비가 가동되는 수준
- 생산 능력: 미국 공장들의 생산량

기업 재고

Total Business Inventories

http://www.census.gov/

　미국 기업들이 보유하고 있는 재고량을 측정해 매월 말에 발표하는 지표다. 전월 대비 제조업, 도·소매업의 재고 액수 변동을 측정한다. 기업 재고는 제조업, 도매업, 소매업, 이렇게 3가지 업종에서 측정하고 세 업종의 재고량을 통합해서 산출한다.

　이 지표는 기업들이 미래 예측과 생산 계획을 세우는 데 매우 중요한 근거가 된다. 예를 들어 만약 재고가 많다면 과거 수요 예측이 부정확했

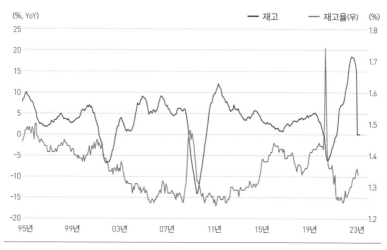

[그림42] 기업 재고와 재고율

출처: refinitive, UPRISE

거나 생산 계획이 잘못되었을 가능성이 크다. 그러면 기업은 재고량을 적절히 조절하여 불필요한 비용을 줄이려고 노력할 것이다.

기업 재고는 경기 변동의 지표로 활용된다. 경기 선두 주자인 제조업의 재고 변화는 경기를 예측할 때 중요한 역할을 한다. 이 지표는 미국 경제 나아가 세계 정제의 건전성과 미래를 전망하는 데 유용한 지표다.

○─ 살펴보면 유용한 하위 지수

- 전산업, 소매업 재고
- 재고율: 생산 제품 대비 재고 비율

03

내구재 신규 주문

All Manufacturing Industries New Orders

http://www.census.gov/

운송업을 제외한 내구성 제조업의 제품 신규 수주 총액의 변동을 측정한 지수다. 내구재란 한 번 구입하면 3년 이상 사용하는 자동차, 컴퓨터, 가전 등을 말한다. 내구재의 주문이 늘었다는 것은 제조업이 좋아지고 있다는 뜻이므로 경기 회복을 전망할 수 있다. 글로벌 수출 경기의 선행 지표로 한국 수출과도 높은 상관성을 보인다.

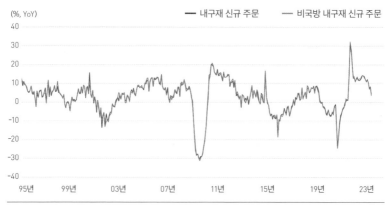

[그림43] 내구재 신규 주문과 비국방 내구재 신규 주문 변화율

출처: refinitive, UPRISE

◯─ 살펴보면 유용한 하위 지수

• 자본재, 소비재, 내구재, 비국방 내구재, 비국방 자본재의 재고

Chapter 6

경기

경기 순환 사이클과 연관된 경제지표

경기는 사이클이다. 고정된 것이 아니라 계속해서 움직인다. 일정한 주기에 따라 침체되었다 활발해지기를 반복한다. 이처럼 호황기→후퇴기→불황기→회복기를 반복하는 움직임을 '경기 순환 사이클'이라고 한다. 이 사이클과 관련된 경제지표들을 보면 지금 세계 경제가 어디쯤 위치하는지 알 수 있다.

01

콘퍼런스 보드 경기 선행 지수 &
OECD 미국 경기 선행 지수

Conference Board Leading Index

http://www.conference-board.org/

OECD US Composite Leading Indicators

http://www.oecd.org/

콘퍼런스 보드 경기 선행 지수는 콘퍼런스 보드에서 미 상무부의 의뢰를 받아 매월 셋째 주 목요일에 발표하는 지수다. 이름 그대로 경기에 선행하는 지수이므로 경기를 예측하기 좋다.

콘퍼런스 보드 경기 선행 지수는 실물 경기의 최고점과 최저점을 확인할 수 있다. 이 지수가 하락하거나 상승하면 6개월에서 1년 안에 실물 경제의 변곡점이 온다고 전망할 수 있다. 따라서 일반적으로 경기 후퇴기 이전에 하락하고 상승기 이전에 상승하는 경향을 보인다.

한편 OECD 경기 선행 지수는 기존에 OECD 회원국과 비회원국들을 대상으로 한 지표였으나 2023년 1월부터 G7과 주요 신흥국만을 포함한 G20 경기 선행 지수로 개편되었다. 다만 축소된 국가(G20 대부분의 국가와 스페인까지 포함)에 대한 경기 선행 지수는 그대로 발표하므로 OECD 미국 경기 선행 지수도 전과 같이 제공된다. 발표 시점부터 향후 3~6개

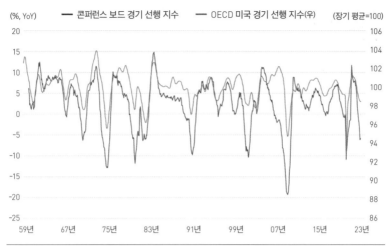

[그림44] 콘퍼런스 보드 경기 선행 지수와 OECD 미국 경기 선행 지수

출처: refinitive, UPRISE

월의 경기를 예측할 수 있는 자료로, 최근 거시경제를 이해하는 데 유용한 지표다.

> ○── 살펴보면 유용한 하위 지수

- 진폭 조정 지수the ampulitude CLI: 최근 데이터에 가중치를 두고 장기 추세를 제거하여 산출하며 가장 보편적으로 활용하는 지수
- 추세 복원 지수the trend restored CLI: 경기 순환 지표에 장기 추세를 복원하여 산출한 지수
- 연율 변동 지수the 12-month rate of change of the CLI: 추세 복원 지수의 전년 동월 대비 증가율을 활용하여 산출한 지수

콘퍼런스 보드 경기 선행 지수와
OECD 미국 경기 선행 지수는 왜 다를까?

미국의 경기 선행 지수는 크게 2가지로 구분된다. 콘퍼런스 보드에서 발표하는 경기 선행 지수와 OECD에서 발표하는 경기 선행 지수다. 이 두 지수가 서로 다른 흐름을 보이는 이유가 무엇인지 제대로 파악할 필요가 있다.

콘퍼런스 보드 경기 선행 지수는 총 10가지 세부 항목으로 구성돼 있다. 금융 부문은 3가지로, ①선행 신용 지수leading credit index, ②S&P500, ③장단기 금리차-10년 기준 금리interest rate spread, 10-year treasury bonds lessfederal funds다. 비금융 부문은 7가지로 ④소비자 기대 지수consumer expectations for business conditions, ⑤ISM 지수 중 신규 수주ISM index of new orders, ⑥신규 민간 주택 건축 허가building permits, private housing, ⑦제조업 주간 평균 근로 시간average weekly hours, mfg, ⑧비국방 자본재 제조업체의 신규 주문manufacturers' new orders, nondefense capital goods excl. aircraft, ⑨소비재 제조업체의 신규 주문manufacturers' new orders, consumer goods & materials, ⑩평균 주당 신규 실업 수당 청구 건수average weekly initial claims, unemp, insurance다. 또 각 항목마다 서로 다른 가중치를 주는 가중 평균을 적용하고 있다.

OECD 미국 경기 선행 지수도 10개의 세부 항목으로 구성돼 있지만 콘퍼런스 보드 경기 선행 지수와는 몇 가지 차이가 있다. 구체적인 항

단위: %

항목	가중치
선행 신용 지수	0.0833
S&P500	0.0393
장단기 금리차-10년 기준 금리	0.1109
소비자 기대 지수	0.1410
ISM 지수 중 신규 수주	0.1587
신규 민간 주택 허가	0.0289
제조업 주간 평균 근로 시간	0.2798
비국방 자본재 제조업체의 신규 주문	0.0411
소비재용 제조업체의 신규 주문	0.0844
평균 주당 신규 실업 수당 청구 건수	0.0326

[표5] 콘퍼런스 보드 경기 선행 지수 세부 항목 가중치

출처: 콘퍼런스 보드

목은 ①제조업 주간 노동 시간weekly hours worked_manufacturing, ②주간 신규 실업 수당 청구 건수average weekly initial claims for unemployment insurance, ③내구재 신규 주문net new orders_durable goods, ④제조업 PMI 지수ISM PMI, ⑤비군수용 자본재 신규 주문manufactures' new orders, nondefense capital goods excluding aircraft orders, ⑥주택 착공 건수work started for dwellings, ⑦S&P500, ⑧선행 신용 지수leading credit index, ⑨장단기 금리차(10년물-2년물), ⑩소비자 신뢰 지수consumer confidence indicator다. 즉, 콘퍼런스 보드 경기 선행 지수와 OECD 미국 경기 선행 지수 간에는 제조업 PMI 지수와 장단기 금리차 부문의 차이가 있어 향방이 다른 것이다.

02

애틀랜타 연은 GDPNow

ATL GDPNow Forecast

http://www.frbatlanta.org/

애틀랜타 연방준비제도이사회_{FRB, Federal Reserve Board of Governors}에서는 미 상무부의 GDP 집계 방식을 활용해 분기별 미국 GDP 성장률에 대한 실 시간 추정치를 발표하는데 이것을 GDPNow라고 한다.

GDP는 분기당 1회 발표되므로 금융시장에서 투자에 활용하기에는 시의성이 떨어질 수 있다. 반면 GDPNow는 미국 실질 GDP에 영향을 주는 경제지표가 발표됨에 따라 분기 실질 GDP 성장률이 어떻게 변화 하는지 실시간으로 보여준다. 해당 분기 GDP 성장률의 잠정치가 발표 되기 약 90일 전부터 들어오는 경제 데이터를 토대로 분기 내내 여러 번 업데이트되기 때문이다. 따라서 GDPNow에서는 일반적으로 몇 주 정 도 뒤처지는 공식 정부 발표보다 더 자주, 시기적절하게 GDP 성장률 추 정치를 볼 수 있다.

GDPNow는 미국 경제의 건전성을 보여주는 중요한 자료로 경기 약 세나 강세의 신호를 보여주어 정책 입안자, 경제학자, 투자자 등이 두루 참고하는 지표다. 또 금리 및 다른 주요 경제지표에 대한 시장의 기대에 영향을 미칠 수 있는 지표이기도 하다.

100

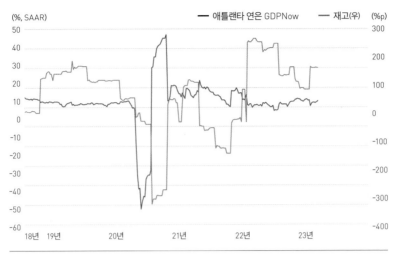

[그림45] 애틀랜타 연은 GDPNow 변화율과 재고 변동

출처: refinitive, UPRISE

살펴보면 유용한 하위 지수

- 세부 항목: GDP, 소비, 투자, 정부 지출 및 투자, 재고, 순수출 지표

03

NBER 경기 침체 기간 &
뉴욕 연은 경기 침체 확률 & 샴의 법칙

National Bureau of Recession Business Cycle

http://www.nber.org/

N.Y Recession Probability

http://www.newyorkfed.org/

Real-time Sahm Rule Recession Indicator

http://www.stlouisfed.org/

NBER 경기 침체 기간은 비영리 단체인 NBER이 경기 침체 여부를 판단하는 지표다. 저명한 경제학자 8명으로 구성된 경기순환판단위원회가 만장일치 해야 경기 침체라고 평가한다. 미국인의 급여, 소매 판매, 산업 생산 등의 지표를 종합해 살펴보며, 경기 침체라고 판단할 증거가 압도적으로 많을 때까지 기다린다. 때로 경기 침체에서 벗어난 후에야 과거에 침체가 있었다고 선언하기도 한다.

뉴욕 연은 경기 침체 확률은 뉴욕 연은이 12개월 후 미국 경기가 침체에 빠질 확률을 산출한 지표다. 미국 금리 격차, 특히 3개월물과 10년물 간의 금리 격차를 활용한다.

샴의 법칙은 실업률을 근거로 경기 침체 여부를 판단하는 지표로 '샴 리세션 지표'라고도 불린다. 미국 경제학자 클라우디아 샴Claudia Sahm이 2019년 내놓은 보고서에 처음 등장한 지표다. 3개월 평균 실업률이 이

전 12개월 중 최저치보다 0.5% 높으면 경제가 침체로 접어들었다고 판단한다.

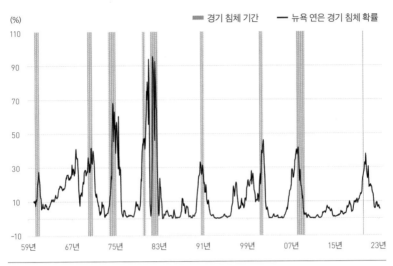

[그림46] 경기 침체 기간과 뉴욕 연은 경기 침체 확률

출처: refinitive, UPRISE

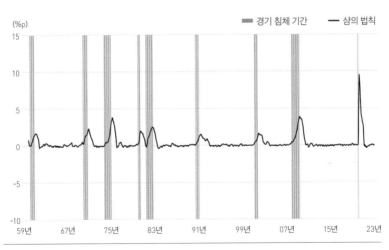

[그림47] 경기 침체 기간과 샴의 법칙

출처: refinitive, UPRISE

04

뉴욕 연은 주간 경제 지수

NY Weekly Economic Index

http://www.newyorkfed.org/

뉴욕 연은이 매주 발표하는 지수로 미국 경제를 전망하는 데 도움이 된다. 레드북 리서치, 실업 수당 신청 건수 등 실물 경제 활동을 나타내는 10개 지표로 구성되며 4분기 GDP 성장률에 맞추어 지수를 조정한다.

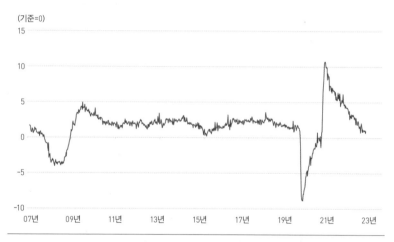

[그림48] 뉴욕 연은 주간 경제 지수

출처: refinitive, UPRISE

시카고 연은 국가 활동 지수

Chicago Federal CFMMI National Activity Index

http://www.chicagofed.org/

시카고 연은이 미국의 전반적인 경제 활동과 인플레이션 압력에 대한 월별 평가를 제공한다. 85개 지표를 종합해 산출하므로 국가 경제 활동의 다양한 측면을 보여준다. 0을 기준으로 양수인 경우 경기를 긍정적으로, 음수인 경우 부정적으로 평가할 수 있다. 생산 및 소득, 고용과 실업 및 근로 시간, 민간 소비, 판매 및 주문과 재고라는 경제지표가 측정에 사용된다.

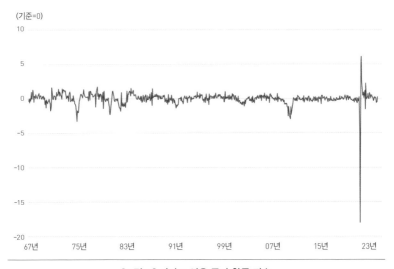

[그림49] 시카고 연은 국가 활동 지수

출처: refinitive, UPRISE

하드 데이터

01

GDP

Gross Domestic Product

http://www.bea.gov/

GDP는 국내총생산의 약자로 말 그대로 국내에서 생산된 모든 부가
가치를 집계한 지표다. 소비, 투자, 순수출, 정부 지출, 재고 등으로 구성
되며, 미국은 이 중 민간 소비가 전체의 약 70%를 차지한다. GDP와 동
시에 발표되는 GDP 디플레이터는 전체 GDP와 각 구성 항목의 물가 변
동의 척도로, 가장 광범위한 물가 지표다.

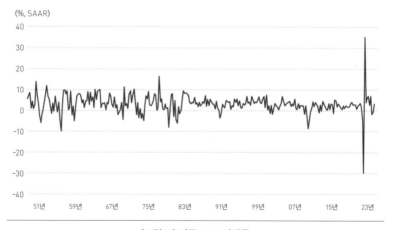

[그림50] 미국 GDP 성장률

출처: refinitive, UPRISE

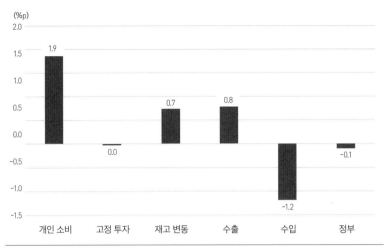

[그림51] 2022년 연간 지출 부문별 미국 GDP 성장 기여도

출처: BEA, UPRISE

살펴보면 유용한 하위 지수

- 개인 소비 지출: 미국에서 가장 주요한 성장 동력

- 투자: 미래에 더 많은 재화와 서비스를 생산할 수 있는 자본재의 구입

- 정부 지출 및 투자: 연방 정부, 주 정부, 지방 정부가 구입한 재화와 서비스

- 재고: 재고 증가 시 GDP에 긍정적인 영향을 미침

- 순수출: 총수출에서 총수입을 뺀 값

- GDP 디플레이터: 물가 변동 수준의 지표. 명목 GDP를 실질 GDP로 나
  눈 후 100을 곱한 값

GDP, GDI, GNP, GNI의 차이는?

GDP, GDI, GNP, GNI는 언뜻 비슷해 보이지만 개념이 다르므로 제대로 알 필요가 있다.

먼저 국내총생산, 즉 GDP는 일정 기간 한 나라 안에서 새롭게 생산된 최종 생산물의 시장 가치를 합한 것을 말한다. 일정 기간 국내 생산 과정에서 새롭게 창출된 부가 가치를 모두 합한 것으로도 GDP를 구할 수 있다.

국내총소득GDI, Gross Domestic Income은 일정 기간 한 나라 안에서 생산에 참여한 경제 주체들이 받은 소득을 합한 것을 말한다. 국민 소득 삼면 등가의 법칙에 따라 명목 GDI와 명목 GDP는 같다.

국민총생산GNP, Gross National Produce은 일정 기간 한 나라의 국민들이 새롭게 생산한 최종 생산물의 시장 가치를 합한 것을 말한다. GDP가 영토를 기준으로 한 개념이라면 GNP는 국적을 기준으로 한 개념이다.

마지막으로 국민총소득GNI, Gross National Income은 일정 기간 한 나라의 국민들이 생산에 참여해서 받은 소득을 합한 것을 말한다. 국민 소득 삼면 등가의 법칙에 따라 명목 GNI와 명목 GNP는 같다.

02

기업 파산 건수

US Bankruptcy Fillings Business

http://www.uscourts.gov/

미국에서 기업과 가계의 재정 압박이 얼마나 심한지 그 정도를 나타내는 지표다. 미국 법원의 행정부가 추적해 매 분기가 끝나는 말일에 발표한다.

기업의 파산 신청이란 기업이 부채에서 구제될 수 있는 법적 절차를 말한다. 경영난에 처한 기업들은 빚을 갚기 위해 파산 신청을 하거나 자산을 청산할 수 있다. 미국의 기업 파산 신청은 연방법의 적용을 받으며,

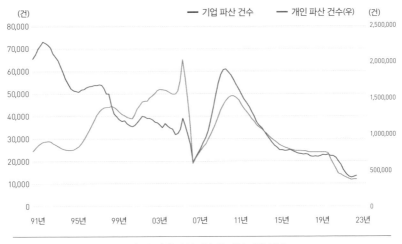

[그림52] 기업 파산 건수와 개인 파산 건수

출처: refinitive, UPRISE

파산법 제7장, 제11장, 제13장에 따라 신청할 수 있다. 청산 파산이라고
도 하는 제7장 파산은 기업이 채권자에게 돈을 갚기 위해 사업 자산을
매각하는 것을 포함한다. 제11장은 기업이 상환을 위해 구조조정을 하
고 영업을 계속할 수 있도록 한다. 제13장은 일반적으로 개인이 이용하
며 채무를 정리하고 영업을 계속하려는 소상공인이 신청할 수 있다.

이 지표로 미국 경제의 건전성과 다양한 산업에 속한 기업의 재무 건
전성을 가늠할 수 있다. 기업 파산 신청이 증가하면 기업과 가계에 재정
압박이 심해지고 경기가 나빠질 것으로 전망할 수 있고 감소하면 사업
환경이 개선되었다는 뜻으로 경제가 성장할 것으로 전망할 수 있다.

◯─ 살펴보면 유용한 하위 지수

- 기업과 개인의 파산 건수
- 지역별 파산 건수
- 부채 종류별 파산 건수

Chapter 7

세계 주식시장과 경제에 큰 영향을 주는 미국 정부 지출

경기를 안정시키는 데는 정부 재정 정책의 역할이 크다. 경기가 불황일 때 정부가 재정을 투입하여 경제를 살리기도 한다. 특히 미국의 재정 정책은 세계 주식시장과 경제에 큰 영향을 미친다. 미국의 재정 적자가 지속되면 저축과 투자 간 불균형이 초래되어 미국과 세계의 실질 금리를 높이므로 투자가 위축된다.

01

CBO 재정 전망

CBO Budget Projection

http://www.cbo.gov/

미국 의회예산처CBO, Congressional Budget Office가 매년 1월에 발표하고 8월에 업데이트하는 재정 전망 지표다. 10년 후 경제 상황과 현행법이 변하지 않는다는 전제하에 수익, 지출을 전망한다.

[그림53] CBO 재정 전망과 순이자 비용

출처: refinitive, UPRISE

112

CBO 재정 전망은 정책 입안자와 대중에게 미국 정부의 장기적인 재정 건전성을 추측할 수 있게 돕는 지표다. 가령 CBO가 향후 10년간 대규모 적자를 예상한다면 정책 입안자는 지출을 줄이거나 세입을 늘리거나 둘 다를 위한 정책을 계획할 수 있다. 반대로 CBO가 흑자를 예상한다면 정책 입안자는 지출을 늘리거나 세금을 줄이는 등 정책의 유연성을 확보할 수 있다. 이처럼 CBO 재정 전망은 정부의 재정적 의무 이행 능력과 부채 관리 능력을 보여주는 지표기 때문에 경제와 정책의 변화를 예측하고 투자의 방향을 결정하는 데 도움이 된다.

○━ 살펴보면 유용한 하위 지수

- 연간 예산 전망
- 항목별 예산 전망
- 재정수지 전망: 미 정부가 거두어들인 재정의 세입과 세출의 차이 전망

01

연방 재정수지

Federal Government Budget Balance

https://www.fiscal.treasury.gov/

재정수지란 정부의 수입과 지출의 차이를 말한다. 수입과 지출이 같으면 균형, 수입이 더 많으면 흑자, 지출이 더 많으면 적자다.

연방 재정수지는 매월 미 정부의 재정 수입과 지출의 차이를 측정한 지표, 즉 미국 연방 정부가 세입으로 거두어들이는 돈과 주어진 회계 연도에 지출하는 돈의 차이를 산출한 것이다. 정부가 지출보다 수입을 더

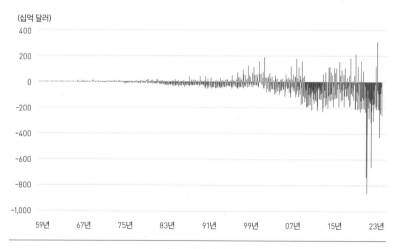

[그림54] 연방 재정수지

출처: refinitive, UPRISE

많이 거두어들이면 흑자가 나고, 반대로 정부가 거두어들이는 수입보다 지출이 많으면 적자가 난다.

재정수지는 정부의 재정 건전성을 측정하는 중요한 척도인 동시에 경제에 큰 영향을 주고받는 지표다. 정부는 재정 균형을 위해 세금, 지출 및 차입과 같은 재정 정책을 사용한다. 재정수지가 흑자면 남은 재정을 부채를 상환하거나 인프라에 투자하거나 세금 감면을 제공하는 데 사용할 수 있다. 반대로 적자면 국가 부채와 이자를 갚기 위해 정부가 돈을 빌려야 할 수 있다. 재정 균형은 인플레이션, 실업 및 경제 성장과 같은 경제적 요인에 영향을 받기도 한다.

○─ 살펴보면 유용한 하위 지수

- 수입, 지출: 정부의 수입(세입)과 지출(세출)

BIS 부채 비율

BIS Debt To GDP Ratio

http://www.bis.org/

국제결제은행_{BIS, Bank for International Settlements}에서 발표하는 지표로, GDP
대비 정부의 부채 비율을 의미한다. 국가 재정의 건전성과 안전성을 평
가하는 지표로 쓰인다.

BIS 부채 비율은 한 국가의 총부채(정부 부채, 기업 부채, 가계 부채 포함)
를 GDP로 나눈 것으로, GDP 대비 부채 비율이 높다는 것은 한 국가의
부채 부담이 경제 생산량에 비해 크다는 것을 의미한다.

[그림55] BIS 미국 부채 비율

출처: refinitive, UPRISE

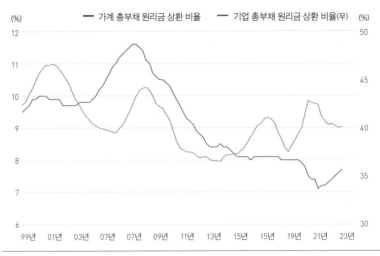

[그림56] 미국 가계와 기업의 총부채 원리금 상환 비율

출처: refinitive, UPRISE

이 지표는 국가의 재정 지속 가능성과 금융 위기에 대한 취약성을 평가하는 데 도움이 된다. 부채 비율이 낮다는 것은 국가의 재정 건전성이 긍정적이라는 뜻이다. 반면 부채 비율이 높다는 것은 국가가 채무 불이행이나 금융 불안정의 위험에 처할 수 있다는 뜻이다. 이는 부채 상환 능력에 대한 우려로 이어져 신용 등급과 차입에 부정적인 영향을 미칠 수 있다. 다만 GDP 대비 부채 비율이 높다고 해서 반드시 국가가 불안정한 재정 상태에 있다는 것을 의미하지는 않으며 부채 구조, 이자율 및 부채 상환 능력 같은 다른 요소를 함께 고려해야 한다.

○─ 살펴보면 유용한 하위 지수

• GDP 대비 가계 부채, 기업 부채, 국가 채무 비율
• 총부채 원리금 상환 비율

Chapter 8

대외 부문

기축 통화를 보유한 미국의 수출입 지표

기축 통화를 보유한 미국은 세계 수입액의 약 13%를 차지하는 최대 수입국이다. 그만큼 미국의 수출입 상황이 세계 경제에 미치는 영향이 크다. 미국의 경제 성장률이 늘어나면 우리나라 수출이 늘어나고, 미국 경제가 위축되면 우리나라 수출도 어려워진다.

01
수출입과 무역수지

Exports & Imports and Balance of Payments

http://www.census.gov/

전체적인 무역수지 그리고 상품 및 서비스의 수출과 수입 추세를 보여주는 지표다. 미국이 다른 나라와 한 거래를 돈으로 환산한 지표로, 재화 및 용역의 거래뿐 아니라 이전 거래, 자본 거래 등 모든 거래를 포함한다.

개별 상품의 수출입액은 통관 기준으로 집계하지만 무역수지는 국제수지 기준으로 발표한다. 국제수지란 일정 기간 거주자와 비거주자 간의 모든 경제적 거래에서 발생한 수입과 지출의 차이를 체계적으로 기록한 지표다.

수출은 경쟁력과 해외 경제에 영향을 받는다. 또 수입은 미국 내 수요의 지표로 사용된다.

월간 무역수지의 변동성은 GDP 전망에 유용한 도구지만 시차가 크고 구성 항목들이 이미 발표된 수치기 때문에 시장에 민감성은 거의 없다. 무역수지가 급증했다면 수입을 과도하게 했다는 뜻으로 미 달러화에 영향을 주지만 딜리버리의 지연이 당월의 수출 통계를 왜곡할 수 있다.

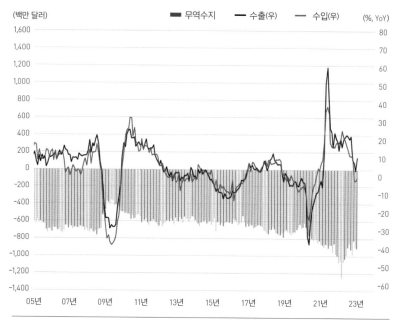

[그림57] 수출입 변화율과 무역수지

출처: refinitive, UPRISE

○━ 살펴보면 유용한 하위 지수

- 품목별 수출입 액수

- 국가별 수출입 액수

02

외환 보유고

Foreign Reserve Assets

http://www.federalreserve.gov/

외환 보유고란 중앙은행이나 정부가 보유한 외국 통화 예금으로 무역 수지 불균형을 보전하거나 외환시장 안정을 위해 언제든 사용할 수 있는 자산이다. 정부의 자산 중 나라가 대외 지급에 대비해 가지고 있는 기축 통화를 '준비 통화'라고 하는데, 미 달러화, 유로화, 엔화 등이 준비 통화로 사용된다.

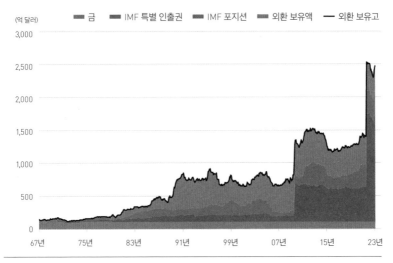

[그림58] 외환 보유고

- 외환 보유액: 중앙은행이나 정부가 보유한 대외 지급 준비 자산

- 현금, 금: 통화 외에 금도 외환 보유고에 포함

- IMF 포지션: IMF 회원국이 자유롭게 인출할 수 있는 통화

- IMF 특별 인출권: IMF 회원국이 담보 없이 인출할 수 있는 권리 또는 통화

03

CPB 미국 수출입 지수

CPB Export & Import Volume Index

http://www.cpb.nl/en

네덜란드 통계국CPB, Centraal Burea voor de Statisticsik이 선진국과 신흥국 23개 국의 자료를 바탕으로 매월 발표하는 세계 무역량 보고서에 포함된 미 국 무역량 지표다. 물가와 환율의 변화에 따라 조정된 각국의 수출입 물 량을 추적해 글로벌 교역량 지수를 산출한다. 지수 값이 높으면 교역량 이 증가했다는 뜻, 낮으면 감소했다는 뜻이다.

글로벌 무역의 동향과 무역 협정, 관세 및 기타 무역 관련 정책 등의

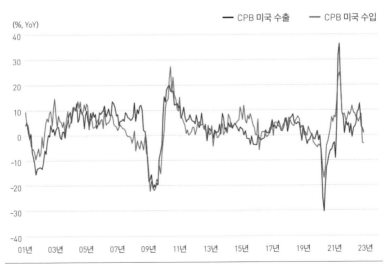

[그림59] CPB 미국 수출입 변화율

출처: refinitive, UPRISE

영향을 알아보는 데 유용한 지수다. 단 이 지수는 가치가 아니라 교역량을 측정한다는 점을 유의해야 한다. 물가와 환율도 무역에 영향을 미칠 수 있어 이 지수의 변화가 수출입 가치의 변화와 항상 일치하는 것은 아니다.

Chapter 9

물가

인플레이션에서 금리까지 연결되는 경제지표

여러 물가 지표를 통해 인플레이션을 측정할 수 있다. 그리고 물가 상승률과 물가 상승 기대치에 따라 금리가 결정된다. 물가가 오르면 이를 조정하기 위해 금리를 인상할 가능성이 크므로 장기적으로 미 달러화 가치가 상승한다. 또 미 달러화 가치가 상승하면 한국도 수출에 직·간접적으로 영향을 받는다.

01

미국 휘발유 가격

NY Habor Conventional Gasoline Regular Spot Price FOB

https://www.eia.gov/

뉴욕항에서 거래되는 휘발유 1갤런당 본선 인도 가격FOB, Free on Board의 변동을 나타낸 것이다. 휘발유 가격이 상승하면 인플레이션의 신호등이 켜졌다고 볼 수 있다.

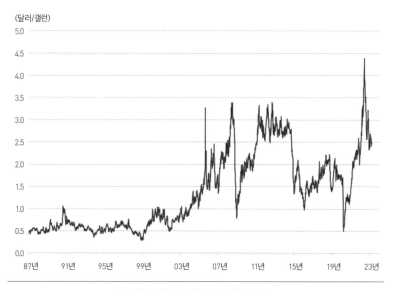

(달러/갤런)

[그림60] 미국 휘발유 본선 인도 가격

출처: refinitive, UPRISE

달러 지수

US Dollar Index

https://www.theice.com/solutions/data

세계 주요 6개 통화인 유로화, 엔화, 파운드화, 캐나다 달러화, 스웨덴 크로나화, 스위스 프랑화를 경제 규모에 따라 비중을 달리해 산출한 값을 미 달러화 가치와 비교한 지표다. DXY 지수로도 불리며 대륙 간 거래소ICE, Intercontinental Exchange가 발표한다.

달러 지수는 1985년 ICE가 이 지수에 기반한 선물 거래 중개를 시작하면서 대중화되었다. 미 달러화의 가치를 파악하고 통화, 상품 및 기타 시장에서 거래 결정을 내리거나 환율 변동이 경제에 미치는 영향을 평

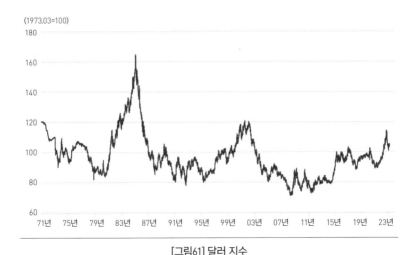

[그림61] 달러 지수

출처: refinitive, UPRISE

가하고 통화 정책을 결정하는 데 사용한다. 1973년 3월을 기준으로 하며 값이 상승하면 미 달러화가 다른 통화에 대해 강세라는 뜻이고 하락하면 약세라는 뜻이다. 금리, 인플레이션, 지정학적 사건, 중앙은행의 정책 등 다양한 요인에 영향을 받는다.

달러 지수를
알아야 하는 이유

달러 지수는 6개 선진 통화(유로화, 엔화, 파운드화, 캐나다 달러화, 스웨덴 크로나화, 스위스 프랑화)의 가중 평균이다. 2023년에는 특히 이 점을 이용해 이후 유로화와 엔화 등의 변동에 따라 미 달러화 가치가 얼마나 변하는지를 산출할 수 있어야 한다. 2023년 전망이 가장 엇갈리는 부문은 외환시장이기 때문이다.

2023년이 시작되고 주요 기관들은 경기 침체가 올 것이다 혹은 이미 왔다 등의 전망을 컨센서스로 내놓았다. 한편 아직은 소수 전망이지만 경기 침체는 없을 것이다 혹은 경기 침체로 인해 미 연준의 금리 인하가 예상된다(일명 연준의 피보팅) 등의 의견을 내놓는 곳도 있다. 전망의 결과야 시간이 지나면 명확해지는 것이지만 '미스터 마켓'이라고 할 수 있는 금융시장에서 센티멘트들의 변화는 빠르고 크다. 그리고 다양한 자산군 혹은 가격 변수들 중에서도 가장 먼저 반응하는 것은 단연 환율이다. 환율의 변화를 그 어떤 자산들보다 주의 깊게 살필 필요가 있다.

이러한 연장선상에서 미 달러 지수를 제대로 알아두는 것이 중요하다. 미 달러화는 기축 통화, 즉 축이 되는 통화다. 1970년대 초 브레턴우즈 체제의 붕괴와 함께 변동환율제가 시작되었다. 1973년 미 연준은 교역

규모를 반영한 달러 환율의 움직임을 나타내기 위해 달러 지수를 만들었다.

달러 지수는 미 달러화와 교역 상대국 통화 간 환율을 교역량 가중치로 평균하여 산출한 것이다. 동 지수가 100보다 높으면 미 달러화가 기준 시점(1973년 3월)보다 고평가되어 있다는 뜻이며 교역량 가중치는 매년 갱신된다. 예를 들어 달러 지수가 2023년 3월 105라고 하면 주요국 통화 대비 미 달러화의 가치가 1973년 3월에 비해 약 5% 상승했다는 뜻이다.

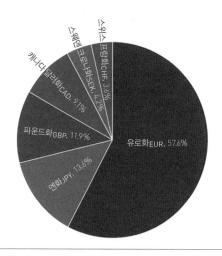

[그림62] 달러 지수를 이루는 6개 선진 통화의 비중

출처: UPRISE

01
소비자 물가 지수

Consumer Price Index

http://www.bls.gov/

BLS에서 매월 발표하는 지수로, 미국 도시 지역에서 재화와 서비스에 소비자가 지불하는 가격이 시간에 따라 어떻게 변화하는지 그 평균을 측정한 것이다.

소비자 물가 지수가 상승하면 가계의 실질 임금이 감소한다고 볼 수 있기 때문에 이 지수는 인플레이션을 예측하는 지표로 자주 활용된다. 어느 국가에서나 소비자 물가 지수는 중요한 경제지표지만 미국의 GDP에서 소비가 차지하는 비중은 특히 크기 때문에 더욱 주목할 필요가 있다. 소비자 물가 지수는 정부 정책과 금융시장에서 자주 인용되는 인플레이션 지표로, 사회 보장 프로그램에서 생계비를 조정할 때 기준으로 활용되기도 한다.

소비자 물가 지수는 주로 음식료와 에너지 가격의 변동에 큰 영향을 받으므로 이들을 제외한 핵심 소비자 물가 지수를 더 중시한다.

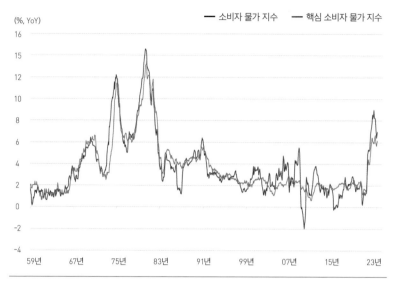

(%, YoY)

소비자 물가 지수   핵심 소비자 물가 지수

[그림63] 소비자 물가 지수 변화율

출처: refinitive, UPRISE

살펴보면 유용한 하위 지수

- 핵심 소비자 물가: 일반 소비자 물가 지수에서 곡물 외 농산물과 석유류

  를 제외한 물가 지수

- 품목별 소비자 물가: 식품, 에너지 등 8만여 품목별 소비자 물가

02

개인 소비 지출 물가

Personal Consumption Expenditure Price

http://www.bea.gov/

'PCE 물가'라고도 부르며, 가계, 비영리 기관 등 개인이 지출한 금액을 집계한 후행 지표다. 미국인의 직전 월 소비를 조사해 매월 말 미 상무부 산하 경제분석국BEA, Bureau of Economic Analysis이 발표한다. 이 지표로 과거 경기 흐름을 파악하고 향후 경기를 예측할 수 있다.

[그림64] 개인 소비 지출 물가 변화율

출처: refinitive, UPRISE

◯━ 살펴보면 유용한 하위 지수

• 핵심 개인 소비 지출 물가: 계절 변화에 따른 음식과 에너지 소비 변화처럼 일시적인 변화 요인을 제외한 물가

소비자 물가 지수와
개인 소비 지출 물가의 차이

미국 인플레이션 지표 중 대표적인 지수는 소비자 물가 지수_{CPI}와 개인
소비 지출_{PCE} 물가다. 특히 미 연준은 PCE 물가를 통화 정책의 바로미
터로 삼고 있는데 아래 표에서 CPI와 PCE 물가의 차이를 보면 그 이유
를 알 수 있다.

CPI 상승률을 보면 주요국들의 인플레이션 압력을 비교하기에 용이하
다. 모든 국가가 동일한 기준을 적용하는 글로벌 표준 인플레이션 지표
기 때문이다.

	PCE 물가	CPI
발행 기관	BEA	BLS
조사 대상	가계 지출, 가계를 위한 정부와 비영리 기관의 소비	도시 소비자 지출
구성 요소	분기별로 지출 구성이 바뀜	구성 요소 고정(2년마다 업데이트)
비중 설정 기준	기업 설문 조사를 토대로 현재 시점의 민간 소비 지출액을 파악해 적용	가계 설문 조사를 토대로 과거 1~3년 동안의 지출액을 바탕으로 산출
비중	식품 13.9%, 에너지 4.3%, 주거지 18.1%, 의료비 16.8%, 운동 3.1%, 기타 40.7%(2015년 기준)	식품 13.7%, 에너지 7.0%, 의류 3.0%, 주거지 33.7%, 의료비 8.5%, 운송 5.9%, 기타 28.2%(2017년 기준)

[표6] PCE 물가와 CPI 비교

출처: BEA, BLS, UPRISE

반면 PCE 물가는 미국에서만 활용하는 인플레이션 지표다. 미국 경제에서 소비가 차지하는 비중이 높다는 점과 미국 중앙은행이 통화 정책을 결정하는 데 주목하는 경제지표라는 점 등을 연결 지어 보면 PCE 물가는 실제 소비에 영향을 주는 인플레이션 지표인 동시에 미국 경제에서 가장 중요한 지표라고 할 수 있다.

CPI와 PCE 물가의 가장 큰 차이점은 측정 대상이다. CPI는 도시 소비자의 지출을 통해 측정하는 반면 PCE 물가는 가계 소비와 더불어 가계를 위해 쓰이는 정부와 비영리 기관의 소비도 지출로 여긴다. 대표적인 정부와 비영리 기관 소비는 의료비로, 노인층이나 극빈층에게 제공하는 의료비, 회사가 소속 직원들에게 제공하는 의료 서비스 및 보험 제도 등이 이에 해당한다. 따라서 PCE 물가에서는 의료비 비중이 높다. 한편 주거 비용(렌트비 등)의 경우 PCE 물가보다 CPI에서 차지하는 비중이 높다. 따라서 주거비가 상승하면 CPI의 상승폭이 더 클 가능성이 높다.

03

생산자 물가 지수

Producer Prices Index

http://www.bls.gov/

생산자(공급자) 입장에서 측정한 물가로, 국내 생산자가 내수시장에 공급하는 상품 및 서비스를 만드는 데 사용하는 평균 가격을 산출한 지표다. 이 지표는 인플레이션에서 대부분을 차지하는 소비자 물가 인플레이션의 선행 지표로 활용된다. 즉, 생산자 물가가 상승하면 소비자 물가도 올라 인플레이션으로 이어질 가능성이 크다. 그렇게 인플레이션에 접어들면 미 연준이 기준 금리를 올릴 것이라고 예측할 수 있다.

생산자 물가 지수 또한 소비자 물가 지수처럼 핵심 생산자 물가 지수를 더 중시한다. 이때 시장의 반응은 보통 전월비에 집중하지만 전문가들은 전년 동월비에 주목한다.

소비자 물가 지수의 경우 예측력이 높은 반면 실적치와 기대치가 크게 다르면 민감하게 반응한다. 생산자 물가 지수의 경우 상품 가격의 압력을 파악할 수 있으며 소비자 물가 지수의 선행 지표라는 점에서 중요성이 높다.

(%, YoY)   — 최종재 물가   — 모든 상품   — 제조업 물가

[그림65] 생산자 물가 지수 변화율

출처: refinitive, UPRISE

◯— 살펴보면 유용한 하위 지수

- 생산 단계별 물가: 원재료, 중간재, 최종재의 생산 단계별 가격 변동으로

  시장에서는 최종재 가격 지수에 주로 초점을 맞춤

- 산업별 물가: 제조업, 서비스업 등 산업별 가격 변동

- 상품별 물가: 농축수산물, 공업품 등 상품별 가격 변동

- 농업 물가: 농산물의 가격 변동

04

수출입 물가 지수

Export and Import Prices Index

http://www.bls.gov/

미국으로 수입되거나 수출되는 상품 및 서비스 가격의 변동을 산출한 지표로, BLS에서 매월 발표한다. 수출입 상품의 가격 변동이 국내 물가에 미치는 영향을 사전에 예상할 수 있다.

[그림66] 수출입 물가 지수 변화율

출처: refinitive, UPRISE

통화 공급

Money Supply M0, M1, M2

http://www.federalreserve.gov/

통화 공급은 경제 내에서 유통되는 화폐의 총량을 의미하며 이 지수가 늘어나면 유동성이 늘어나는 것으로 해석한다.

미 연준의 통화 지표 체계는 M0, M1, M2로 나뉜다. M0$_{Monetary\ Base}$는 '본원 통화'라고 해서 일반적으로 생각하는 현금, 즉 중앙은행이 공급하는 실물화폐, 동전 등을 말한다. M1은 협의 통화, 즉 M0와 수표, 비은행 발행인의 여행자 수표, 자유롭게 현금화 가능한 요구불 예금 같은 유동

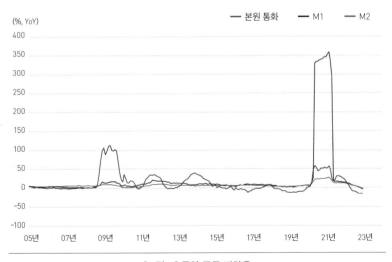

[그림67] 통화 공급 변화율

출처: refinitive, UPRISE

성이 높은 여러 형태의 통화를 의미한다. M2는 광의 통화로 M1에 10만 달러 미만의 정기 예금, 단기 예금, 머니 마켓 펀드_{MMF, Money Market Funds} 같은 현금화 가능한 통화다. 마지막으로 M3는 M2에 큰 액수의 정기 예금, 단기 환매 가능 자산, 기관 펀드, 기타 대규모 유동 자산을 더한 것으로 가장 넓은 의미의 통화량 지표다.

통화 공급의 변화는 금리, 인플레이션을 비롯한 경제 전반에 영향을 미칠 수 있다. 중앙은행과 정책 입안자들은 다양한 부문에서 통화량을 조절해 경제를 감시하고 움직인다. 예를 들어 통화 공급이 증가하면 시중에 돈이 많아져 이자율이 낮아지고 기업 투자와 가계 소비가 증가해 총수요가 확대된다.

○━ 살펴보면 유용한 하위 지수

- M0: 본원 통화. 민간 보유 현금
- M1: 협의 통화. M0 + 수표, CMA 등 언제라도 현금화할 수 있는 예금
- M2: 광의 통화. M1 + 정기 단기 예금, MMF 등
- M3: M2 + 대형 정기 예금, 기관 펀드, 단기 환매 가능 자산 등

미 연준 기준 금리

Federal Funds Target Rate

http://www.federalreserve.gov/

미국 중앙은행인 연준이 발표하는 기준 금리는 미국에 있는 은행들끼리 돈을 빌릴 때의 금리다. 이 기준 금리가 낮아지면 은행이 개인이나 기업에게 돈을 빌려줄 때의 금리도 낮아지므로 소비와 투자가 늘어나며 기준 금리가 높아지면 그 반대가 된다. 그래서 미국 경제가 어려워지면 기준 금리를 인하하고, 인플레이션이 나타나면 기준 금리를 인상한다. 이처럼 금리는 통화 가치를 평가하는 1차 요소이므로 투자를 할 때 눈여겨봐야 한다.

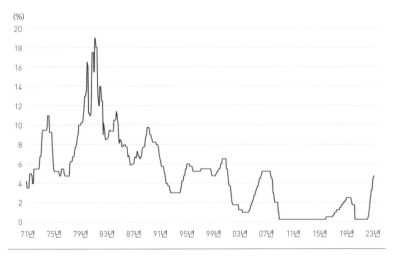

[그림68] 미 연준 기준 금리

출처: refinitive, UPRISE

연준은 기준 금리를
어떻게 정할까?

2022년은 투자자들에게 힘든 한 해였다. 코로나19 이후 시작된 유동성 파티를 비웃기라도 하듯 주식시장과 부동산시장은 폭락을 거듭했다. 미국과 우리나라 모두 상황은 비슷하다.

왜 이런 일이 일어났을까? 범인은 금리다. 2022년 3월만 해도 0.5%에 불과했던 미국 기준 금리는 1년이 채 지나지 않은 2022년 12월 4.5%까지 인상되었다. 한국의 기준 금리 역시 2022년 1월 1.25%로 시작했지만 7연속 인상을 거듭하여 2022년 11월에는 3.25%까지 올랐다. 즉, 1억 원을 빌렸을 때 125만 원이었던 이자가 325만 원으로 올랐다는 뜻이다. 이렇게 금리가 올라가면 개인과 기업 모두 이자를 감당하지 못하니 주식시장이든 부동산시장이든 돈이 굴러가는 곳들은 침체를 면치 못하기 마련이다.

한국의 금리는 미국의 금리를 따라간다. 그렇다면 미국은 금리를 왜 계속 올리는 것일까? 지난 몇 년 동안 미국의 물가가 너무 올랐기 때문이다. 금리를 올려서 시중의 현금을 줄여야 물가를 안정시킬 수 있다.

미국의 기준 금리를 결정하는 것은 연준이다. 연준의 이중 책무dual mandate는 최대 고용과 물가 안정이다. 이 2가지 책무를 달성하기 위해 금리를 조절한다. 연준은 1년에 8번, 즉 1개월 반마다 연방공개시장위

원회_{FOMC, Federal Open Market Committee}를 통해 금리를 결정한다.

FOMC에는 연준의 의장인 제롬 파월_{Jerome Powell}을 포함한 12명의 이사가 있다. 이 12명은 어떻게 정해질까? 우선 이 중 7명은 연준의 이사로 대통령이 먼저 후보를 올리고 상원의 승인을 받아 임명된다. 그래서 대통령이 소속된 정당과 상원 다수당이 서로 다르면 이 과정에서 줄다리기가 일어나기도 한다. 즉, 연준 이사는 단순한 공무원이 아니라 발탁되는 순간의 정치 상황을 대변하는 인물이다.

나머지 5명은 어떻게 정해질까? 연준에는 12개의 지역 연준이 있고 각 지역 연준에도 그 지역을 담당하는 총재들이 있다. 이들은 지역의 은행장들을 대표하는 민간 전문가로 이 중에서 뉴욕 지역 은행장은 FOMC에 고정으로 소속된다. 그리고 나머지 11개 지역에서 4명이 참석한다. 보스턴, 필라델피아, 리치몬드 중 1명, 클리블랜드, 시카고 중 1명, 애틀랜타, 세인트루이스, 댈러스 중 1명, 미니애폴리스, 캔자스시티, 샌프란시스코 중 1명 이렇게 4구역에서 1명씩 돌아가면서 이사가된다. 이 5명의 이사는 실제 은행에서 활동하기 때문에 서민 경제에 관한 분위기를 반영한다.

이 5명의 이사가 소속된 지역을 보면 서부보다 동부 지역이 더 많다. 따라서 FOMC에서는 동부 경제 상황이 서부 경제 상황보다 좀 더 중요하게 다뤄질 수 있다. 동부가 서부보다 인구수가 많고 경제적으로도 중심지이기 때문이다.

이렇게 정파에서 지역, 출신까지 다양한 출신의 사람들이 모이다 보니 연준의 의견이 깔끔하게 떨어지지 않을 때도 많다. 대표적인 사례가 연

12개 지역 연준		순번제
보스턴	시카고	그룹 1: 보스턴, 필라델피아, 리치몬드
뉴욕	세인트루이스	그룹 2: 클리블랜드, 시카고
필라델피아	미니애폴리스	그룹 3: 애틀랜타, 세인트루이스, 댈러스
클리블랜드	캔자스시티	그룹 4: 미니애폴리스, 캔자스시티, 샌프란시스코
리치몬드	댈러스	
애틀랜타	샌프란시스코	

[그림69] FOMC 지역 연준 총재의 구성

출처: FED, UPRISE

준의 점도표다. 연준 이사들은 내년에 금리가 얼마까지 올라갈 것 같은지 예상해 표에 점을 찍는다. 점도표의 결과는 예상치일 뿐 실제 금리가 아니지만 결국 금리는 이사들에 의해 정해지다 보니 점도표가 공개될 때마다 시장은 패닉에 빠진다. 점도표에서 금리가 올라간다고 하면 투자시장은 위축되고 내려간다고 하면 활발해지는 것이다.

그렇다면 대통령, 여당, 야당, 월가, 일반 시민은 물론 금융시장과 노동시장의 눈치까지 봐야 하는 연준의 복잡한 입장을 어떻게 예측해야 할까? 이 12명의 이사 중 매파와 비둘기파의 수를 따져보면 된다. 매파는 물가 안정을 중시하기 때문에 금리 인상을 통해 시중에 풀려 있는 통화를 거두어들이는 긴축 정책을 펼쳐야 한다고 주장하고 비둘기파는 경제 성장을 중시하기 때문에 금리 인하를 통해 시중에 돈을 풀어 통화 가치를 떨어트리는 양적 완화를 주장한다. 2023년에는 강경 매파 3명, 중도 1명이 나가고 매파 1명, 중도 3명이 들어올 예정이다.

경제에는 변수가 많지만 연준의 구조를 알면 이들의 행보를 어느 정

용어	개념
지급 준비금	은행이 예금자들이 돈을 인출할 때를 대비해 예금액의 일정 비율 이상을 중앙은행에 예치한 자금 (법정 지급 준비금+초과 지급 준비금)
법정 지급 준비금	상업 은행이 중앙은행에 반드시 예치해야 하는 자금
초과 지급 준비금	법정 지급 준비금을 초과하여 예치하는 지급 준비금
초과 지급 준비 금리 IOER, Interest of Excess Reserves	초과 지급 준비금을 보유한 상업 은행이 다른 상업 은행에게 자금을 빌려줄 때 적용되는 초단기 금리
연방 기금 목표 금리 FFTR, Federal Fund Target Rate	연준의 기준 금리
레포 금리 Repo Rate	상업 은행이 연준에서 국채를 담보로 돈을 빌릴 때 적용되는 금리. 환매조건부 채권RP, Repurchase agreements이라고도 함
역레포 금리 Reverse Repo Rate	연준이 상업 은행에서 국채를 담보로 돈을 빌릴 때 적용되는 금리. 역환매조건부채권RRP, Reverse Repurchase agreements이라고도 함
재할인 창구 DW, Discount Window	유가증권을 담보로 상업 은행에게 긴급 자금을 빌려주는 연준의 유동성 공급 장치
은행 기간 대출 프로그램 BTFP, Bank Term Funding Program	2023년 금융 불안의 확산을 막기 위해 연준이 도입한 예금 기관 대상 대출 프로그램

[표7] 연준 주요 용어 정리

출처: UPRISE

도는 예측할 수 있다. 미국의 통화 정책 결정 구조를 제대로 파악해 변화를 예상하는 힘을 기르길 바란다. (참고: https://www.youtube.com/watch?v=IUrnOdZrBtU)

Chapter 10

기타

그 외 기억해둘 필요가 있는 지표

소비, 투자, 정부 지출 및 투자 그리고 수출입 관련 대표적인 지표들 외에도 경제 불확실성 지수와 시티그룹의 매크로 서프라이즈 지수를 눈여겨볼 필요가 있다.

01

시티 매크로 서프라이즈 지수

CITI Economic Surprise Index

http://www.citigroup.com/citi

　　시티그룹CITI group에서 매월 발표하는 지수로, 실제 발표된 경제지표가 시장 전망치에 얼마나 부합했는지를 측정한 지표다. 기준선 0보다 높으면 경제지표들이 시장 전망치를 상회, 0보다 낮으면 하회하고 있다고 해석한다. 이 지수가 하락하면 증시의 오름세가 둔화하는 경향이 있어 국제 증시의 대표적인 선행 지표라고 할 수 있다.

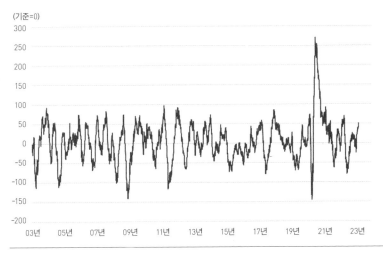

[그림70] 시티 매크로 서프라이즈 지수

출처: refinitive, UPRISE

시티 인플레이션 서프라이즈 지수

CITI Inflation Surprise Index

http://www.citigroup.com/citi/

시티그룹에서 매월 발표하는 지수로, 실제 인플레이션이 전망치에 얼마나 부합했는지 보여준다. 이 지수가 기준선 0보다 높으면 실제 인플레이션이 전망치를 상회, 0보다 낮으면 전망치를 하회한 것이다.

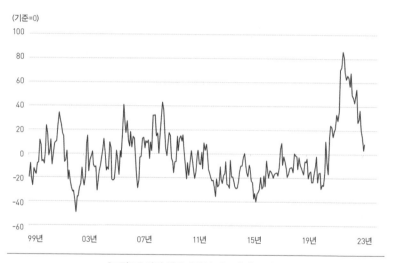

[그림71] 시티 인플레이션 서프라이즈 지수

출처: refinitive, UPRISE

01

경제 불확실성 지수

Economic Policy Uncertainty Index

http://www.policyuncertainty.com/

미국 노스웨스턴대학교 스콧 베이커Scott R. Baker 교수 등이 개발한 모델로, 매월 미국, 일본, 독일, 한국 등 24개국의 경제 불확실성을 산출한다. 그 나라의 주요 일간지와 경제 기사 중 경제 불확실성을 언급한 기사의 개수를 추려 종합한다. 1990~2014년 평균 지수 100에 비해 경제 불확실성 언급 기사가 늘었는지, 줄었는지 측정한다.

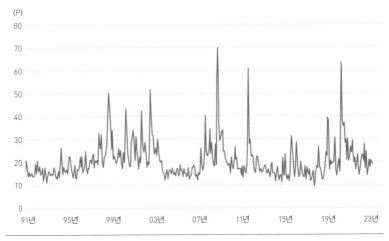

[그림72] 경제 불확실성 지수

출처: refinitive, UPRISE

Part 2

중국 경제지표:

세계의 공장에서
세계의 시장으로

중국이 세계 경제에서 차지하는 비중은 2000년 3.6%에서
2022년 19.4%까지 성장했다. 이는 미국 다음으로 큰 수치다.
2002년 세계무역기구WTO, World Trade Organization에 가입한 후
중국은 수출을 중심으로 세계의 공장으로 역할을 해왔다.
그러나 이런 성장 전략이 한계에 도달하자
성장을 위해 국내 소비를 키워야 한다고 판단하고
세계의 시장으로 전략을 변경했다. 그만큼 중국이
우리 기업들의 무역수지와 세계 경제에 미치는 영향은 크다.

Chapter 11

소비

공동부유론의 핵심

    2021년 시진핑은 극심한 빈부격차를 줄이기 위해 함께 부유해지
자는 뜻의 '공동부유론'을 주창했다. 이는 정치적 목적도 있겠지만 국내
소비를 진작시켜 경제 성장의 한계를 돌파하려는 것으로 볼 수 있다. 중
국의 민간 소비는 GDP의 약 38%를 차지하지만, 일당(공산당) 체제라는
특징을 감안하면 정부 지출(GDP의 약 17%)도 소비의 일환으로 볼 수 있
다. 즉, 경제의 주요 성장 동력 역시 소비라고 할 수 있다.

    중국의 경제 상황을 보기 위해서는 고용과 소득 추이를 봐야 한다. 돈
이 있어야 소비를 하기 때문이다. 이와 더불어 저축량과 소비자 심리의
변화도 주목해야 한다.

01

소비자 신뢰 지수

Consumer Confidence Index

http://www.stats.gov.cn/

소비자가 경제 상황과 자신의 재무 상황을 얼마나 낙관적으로 느끼는
지 측정한 지표다. 100을 기준으로 아래로 떨어지면 경기를 부정적으로,
100 이상이면 긍정적으로 인식한다는 뜻이다.

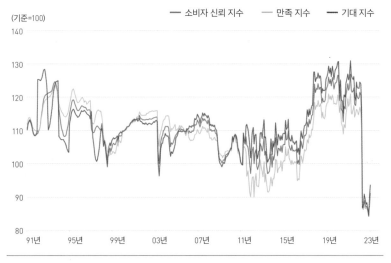

[그림73] 소비자 신뢰 지수와 하위 지수

출처: refinitive, UPRISE

살펴보면 유용한 하위 지수

- 만족 지수: 소비자가 현재 경제 상황을 긍정적으로 혹은 부정적으로 보
  는지 측정한 지수

- 기대 지수: 소비자가 앞으로의 경기를 긍정적으로 혹은 부정적으로 전
  망하는지 측정한 지수

01

도시 가계 소비

consumer surveys, family income and expenditure survey,
urban households, Per Capita Consumption Expenditure

http://www.stats.gov.cn/

중국 통계청이 분기별로 발표하는 가계 소득, 지출 및 생활 실태를 보여주는 지표다. 무작위로 31개 도, 1,800개 군의 16만 가구를 조사한다. 소비자 지출은 거주자들이 일상에서 소비하는 모든 것을 뜻한다. 식품, 담배 및 술, 의류, 주택, 일용품 및 서비스, 교통 및 통신, 교육, 문화 및 오락, 의료와 기타 물품 및 서비스라는 8가지 범주로 나뉜다.

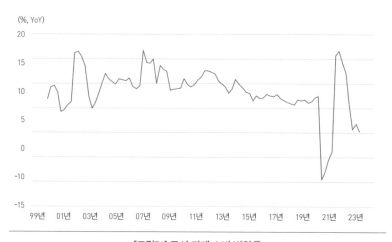

[그림74] 도시 가계 소비 변화율

출처: refinitive, UPRISE

156

02

소매 판매

Retail Sales

http://www.stats.gov.cn/

중국 통계국에서 매월 발표하는, 소비와 관련해 가장 시의성 있는 지표다. 이 지표가 금융시장에 미치는 영향은 매우 크다. 소비 지출의 패턴을 보여주는 가장 빠른 지표이며 도시와 농촌 지표를 제공한다. 하지만 변동성이 크기 때문에 3개월 이동평균으로 추세를 보는 것이 바람직하다. 실질 소매 판매는 소매 판매 지수에서 소매 물가 지수를 제외해서 추정한다.

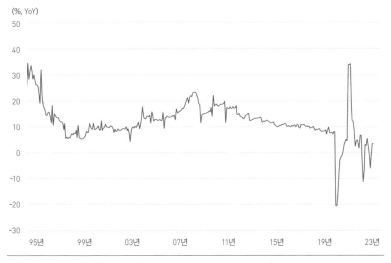

[그림75] 소매 판매 변화율

출처: refinitive, UPRISE

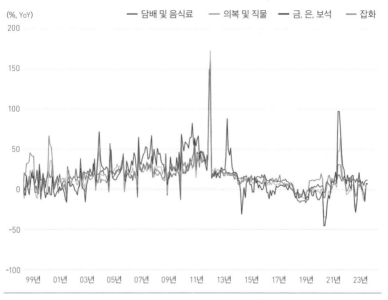

[그림76] 품목별 소매 판매 지수 변화율 1

출처: refinitive, UPRISE

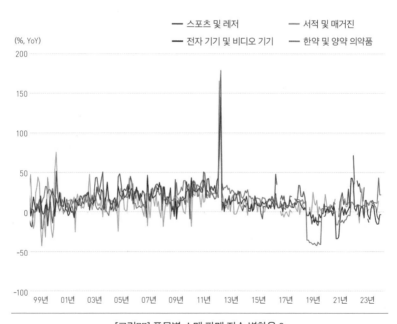

[그림77] 품목별 소매 판매 지수 변화율 2

출처: refinitive, UPRISE

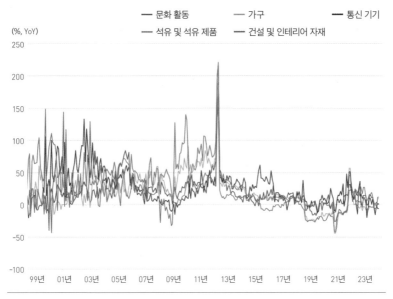

| — 문화 활동 | — 가구 | — 통신 기기 |
| — 석유 및 석유 제품 | — 건설 및 인테리어 자재 | |

[그림78] 품목별 소매 판매 지수 변화율 3

출처: refinitive, UPRISE

 살펴보면 유용한 하위 지수

• 품목별 소매 판매 지수

마오쩌둥의 공부론에서 시진핑의 공동부유론까지

2023년은 시진핑 주석의 장기 집권의 원년이다. 이제 중국은 시진핑 영구 집권 시기에 접어들었다. 중국은 정부가 결정하는 정책에 따라 경제 상황이 달라지기 때문에 시진핑 주석이 계획하고 있는 정치적 변화에 주목할 필요가 있다. 특히 공동부유론이라는 시진핑 사상이 공산당 당헌에 삽입된 만큼 그 의미를 짚고 넘어가면 중국의 경제 상황을 이해하는 데 큰 도움이 될 것이다.

공동부유론은 '일부가 먼저 부유해지고 이를 확산한다'는 의미의 선부론을 주창했던 덩샤오핑鄧小平을 넘어 '모두가 부유해지자'는 마오쩌둥毛澤東의 공부론과도 비교되고 있다. 그러니 다음 표를 통해 역대 중국 주석들의 사상을 점검하며 공동부유론을 이해해보자.

시진핑의 공동부유론은 중국의 성장 이면에 자리하고 있는 빈부격차 문제가 커지며 사회적 불안을 자극하고 있다는 점에 초점을 맞추고 있다. 민생 안정을 위해 절대 권력자인 국가주석이 나서서 민심을 달래고 공산당 통치 체제를 견고히 다지려는 것이다. 시진핑 3기 지도부를 중심으로 2023년 3월 양회에서 계층과 지역 간의 균형적인 발전을 위해 내실 안정화 정책들을 발표했다.

시기	국가주석	핵심 행보 및 이념	당헌 삽입 여부
1949~1976년	마오쩌둥	중화인민공화국 건국, 공부론	마오쩌둥 사상
1977~1989년	덩샤오핑	개혁개방 도입(흑묘백묘론, 선부론)	덩샤오핑 이론
1989~2002년	장쩌민 江澤民	성장 중시(기업가 우대)	×
2002~2012년	후진타오 胡錦濤	경제와 사회 간 조화로운 발전 (과학적 발전관)	×
2012년~	시진핑	쌍순환, 공동부유론	시진핑 사상

[표8] 역대 중국 주석의 사상

출처: UPRISE

Chapter 12

소득

가계 소비의 근원인 고용 지표

중국은 지난 30년간 고도성장을 이루었으나 그만큼 빈부격차도 극심해졌다. 또 코로나 봉쇄로 서비스업은 물론 제조업까지 고용시장이 크게 위축되었다. 취약계층의 고용 불안이 심화하고 이것이 소비 위축으로 이어진다면 경기 하방 압력은 확대될 것이다.

01

기업 고용 지수

Enterprise Employment Index

http://www.stats.gov.cn/english/

중국 내 기업들이 고용한 직원 수의 변동을 보여주는 지표다. 고용이 늘어나면 향후 경기를 긍정적으로, 고용이 줄어들면 부정적으로 예측할 수 있다.

단위: %, YoY

산업	2022년 3분기	2021년 말	2020년 말
석탄 채굴, 선탄	1.6	7.1	-0.3
철금속 채광, 드레싱	-8.3	-3.1	2.5
비철금속 채광, 드레싱	-1.2	2.6	2.7
농업, 식품 가공	-6.3	0.6	3.3
식품 제조	-3.4	2.1	3.2
와인, 음료, 차	-3.7	5.1	0.4
담배	-7.8	-4.8	4.0
종이, 종이 제품	-7.5	3.0	2.4
인쇄, 미디어 복제	-12.0	-1.8	2.0
의약품 제조	-1.4	1.1	2.4

철금속 제련 및 압연 가공	-9.2	-0.5	3.9
비철금속 제련 및 압연 가공	-9.2	2.7	4.0
자동차 제조	0.6	-2.8	12.0
전기 기계 및 장비	-14.9	0.5	6.2
컴퓨터, 통신 및 기타	-19.7	1.3	7.4
도매 및 소매 무역	-3.1	1.0	2.7
숙박, 케이터링	-8.6	6.2	-6.8
정보통신, 소프트웨어	-7.0	1.4	2.0
부동산	-3.0	-3.9	-0.8

[표9] 산업별 고용 지수 변화

출처: refinitive, UPRISE

 살펴보면 유용한 하위 지수

• 산업별 고용 지수

02
중국 기업 인력 고용 조사
China, Business Surveys, Manpower Employment Outlook Survey
http://www.manpowergroup.us/

4,000명 이상의 고용주들을 대상으로 한 설문 조사를 바탕으로 산출한 지표다. 분기별로 고용주들이 중국의 전체적인 고용 상황을 어떻게 전망하는지 조사한다.

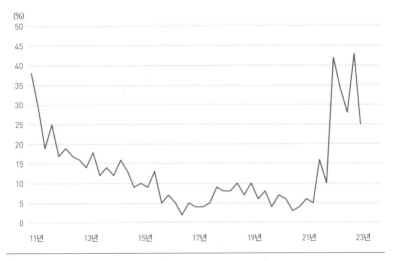

[그림79] 중국 기업 인력 고용 조사

출처: refinitive, UPRISE

01

도시 가계 가처분 소득

consumer surveys, family income and expenditure survey,
urban households, Per Capita Disposable Income

http://www.stats.gov.cn/

중국 통계청이 분기별로 발표하는 가계 소득, 지출 및 생활 실태 조사에서 볼 수 있는 지표다. 무작위로 31개 도, 1,800개 군의 16만 가구를 조사한다. 여기서 말하는 가처분 소득은 주민이 소비할 수 있는 금액과 저축액을 합한 것으로 임금 및 급여 소득, 사업 소득, 재산 소득, 양도 소득 순액 등이 포함된다.

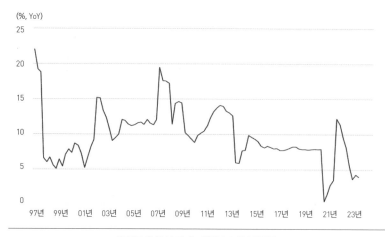

[그림80] 도시 가계 가처분 소득 변화율

출처: refinitive, UPRISE

02
이주 노동자 월평균 소득

china consumer surveys, family income and expenditure survey,
average monthly income of migrant workers

http://www.stats.gov.cn/

중국 내 이주 노동자들의 월평균 소득을 측정한 수치다. 이주 노동자는 중국 경제에 핵심적인 역할을 하고 있다. 중국의 이주 노동자 수는 2000년 1억 2,000만 명에서 2020년 3억 7,600만 명으로 꾸준히 증가했다. 이 지표로 이주 노동자의 소득 정보는 물론 이동 양상을 유추할 수 있다.

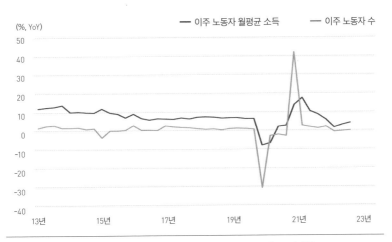

[그림81] 이주 노동자 월평균 소득과 이주 노동자 수 변화율

출처: refinitive, UPRISE

🔘 살펴보면 유용한 하위 지수

• 이주 노동자 수

03

중국 도시 조사 실업률

China Urban Survey Unemployed Rate

http://www.stats.gov.cn/

중국 31개 도시 지역의 실업률을 조사해 산정한 지수다. 표본 조사를 기반으로 계산되며, 총 취업 인구 중 도시 실업자의 비율을 나타낸다.

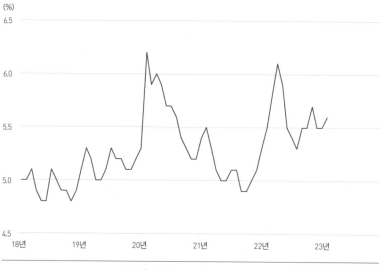

[그림82] 중국 도시 조사 실업률

출처: refinitive, UPRISE

04

취업난에 처한 취업자 수

China, Number of Employed People in Employment Difficulties

http://www.mohrss.gov.cn/

중국 도시 지역의 신규 취업자 수를 보여주는 지표다. 경기 변동에 따른 구직의 어려움도 확인할 수 있다.

[그림83] 취업난에 처한 취업자 수 변화율

출처: refinitive, UPRISE

Chapter 13

기업 활동

중국 기업에 투자하고 싶다면 살펴봐야 할 경제지표

최근 몇 년간 알리바바Alibaba, 바이두Baidu, 텐센트Tencent 등 중국 기업들이 글로벌 혁신 기업으로 떠올랐다. 그러나 공동부유론과 함께 분배 중심의 사회주의 체제가 강화되려는 흐름에 따라 중국 기업들의 자유로운 활동에도 제동이 걸릴 가능성이 크다. 중국시장을 보는 투자자라면 이에 주의를 기울여야 한다.

01

기업 환경 지수

China, Business Surveys, Business Climate

http://www.stats.gov.cn/

중국 내 기업들을 대상으로 현재의 경제 상황과 미래 전망에 관한 의견을 조사해 산출한다. 기업의 지출과 자본 투자의 증가 혹은 감소를 예측할 수 있으며 향후 경제 활동을 판단하는 선행 지표로 활용된다.

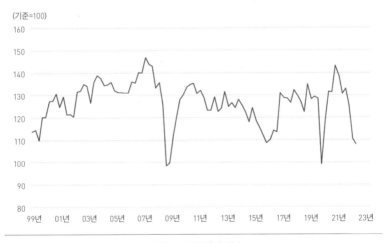

[그림84] 기업 환경 지수

출처: refinitive, UPRISE

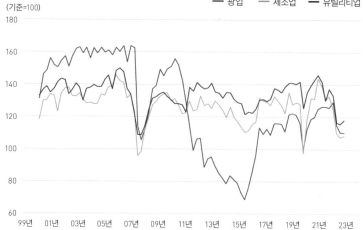

(기준=100)

― 광업　― 제조업　― 유틸리티업

[그림85] 산업별 기업 환경 지수

출처: refinitive, UPRISE

 살펴보면 유용한 하위 지수

- 광산업, 제조업, 유틸리티업 등 산업별 기업 환경 지수

통계국 PMI 지수

China PMI General Index

http://www.stats.gov.cn/

매월 1일에 발표하는 구매 관리자 지수다. 50을 기준으로 50 이상이면 경기의 확장, 50 이하면 경기의 수축으로 판단한다. 또 수출 주문 지수 등을 통해 향후 3~4개월의 수출 물량을 추정 가능하다. 다만 계절성이 있어 통계를 과대 추정할 가능성이 있다.

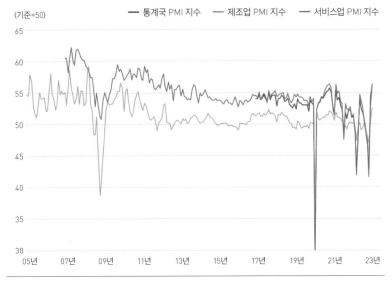

[그림86] 통계국 PMI 지수

출처: refinitive, UPRISE

세부 항목	2023년 초	2022년 말	코로나19 직전	역사적 평균
생산	53.8	51.4	51.3	53.8
신규 수주	52.8	49.7	51.4	52.7
신규 수출 주문	50.1	48.1	48.7	50.1
수주 잔고	46.5	45.6	46.3	46.5
최종재 재고	47.3	48.5	46	47.3
투입 구매	52.6	50.8	51.6	52.6
수입	49.4	48.2	49	49.4
주요 원재료 가격	55.6	48.1	53.8	55.6
주요 투입품 재고	48.0	49.2	47.1	48.0
고용	49.3	49.1	47.5	49.3
공급 지연	49.9	48.3	49.9	49.9
기업 활동 기대	56.0	54.3	57.9	55.9

[표10] 세부 항목별 제조업 PMI 지수의 변화

출처: refinitive, UPRISE

단위: P

세부 항목	2023년 초	2022년 말	코로나19 직전	역사적 평균
기업 활동	54.9	52.7	54.1	54.9
신규 수주	51.4	48.4	50.6	51.4
투입 가격	55.1	49.3	53.3	55.1
판매 가격	50.3	48.1	50.5	50.3
기업 활동 기대	62.6	57.3	59.6	62.6
신규 수출 주문	49.4	47.7	48.4	49.4
고용	50.3	47.6	48.6	50.3

기존 주문	44.2	43.4	43.6	44.2
재고	47.0	46.4	47.2	47.0
공급 지연	51.4	49.6	52.1	51.4

[표11] 세부 항목별 서비스업 PMI 지수의 변화

출처: refinitive, UPRISE

○━ 살펴보면 유용한 하위 지수

- 제조업 PMI 지수 세부 항목: 신규 수주, 신규 수출 주문, 수주 잔고, 최종 재 재고, 투입 구매, 원재료 가격, 주요 투입품 재고, 고용, 공급 지연, 기 업 활동 기대

- 서비스업 PMI 지수 세부 항목: 신규 수주, 투입 가격, 판매 가격, 기업 활 동 기대, 신규 수출 주문, 고용, 재고, 공급 지연

거시경제 환경 지수

Macroeconomy Climate Index

http://www.pbc.gov.cn/

전체적인 경제 상황을 낙관적으로 보는 정도를 나타낸다. 은행 지수, 대출 수요, 통화 정책 등을 함께 알 수 있다.

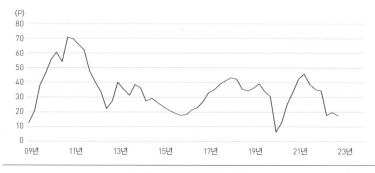

[그림87] 거시경제 환경 지수

출처: refinitive, UPRISE

[그림88] 세부 항목별 거시경제 환경 지수

출처: refinitive, UPRISE

04

5,000개 기업 매크로 지수

5000 Entrepreneurs Questionnaire Index, Domestic Orders Index

http://www.pbc.gov.cn/

중국 내 5,000개 기업을 대상으로 현재 경제 상황과 전망에 관한 설문 조사를 바탕으로 측정한 지수다. 분기별로 발표하며 경제 전반에 관한 질문뿐만 아니라 비즈니스에 관한 다양한 세부 항목을 조사한다. 0에서 100까지로 표현하며 기준인 50을 넘으면 확장, 50 미만은 축소로 해석한다.

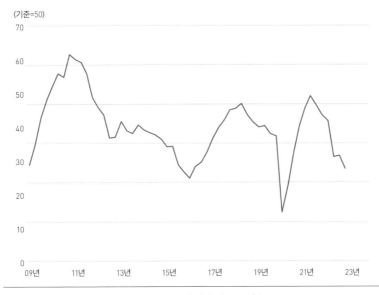

[그림89] 5,000개 기업 매크로 지수

출처: refinitive, UPRISE

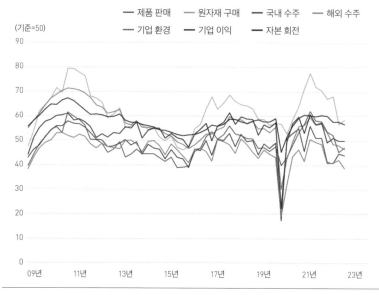

[그림90] 세부 항목별 5,000개 기업 매크로 지수

출처: refinitive, UPRISE

살펴보면 유용한 하위 지수

• 세부 항목: 제품 판매, 원자재 구매, 국내 수주, 해외 수주, 기업 환경, 기

업 이익, 자본 회전

178

05

기업 번영 지수

Enterprise Prosperity Index

http://www.stats.gov.cn/

중국 내 기업들의 경제 활동과 거래 활동을 측정하는 지표로 중국 국가통계국이 매월 발표한다. 제조업 부문을 중심으로 산업 생산, 수출입 거래 등의 지표를 활용하여 산출한다.

이 지수는 중국 경제의 전반적인 건전성을 보여주며 산업, 제조업, 광업 등 산업별 거시경제 건전성도 함께 알려준다. 기업 번영 지수가 높으

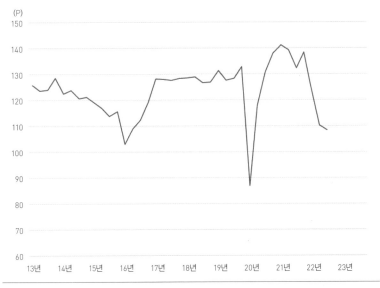

[그림91] 기업 번영 지수

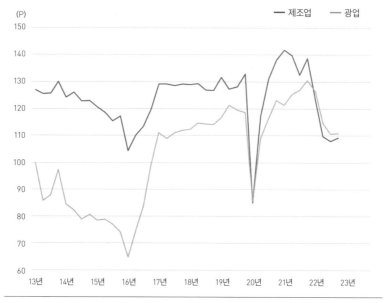

(P)

———— 제조업 ———— 광업

[그림92] 산업별 기업 번영 지수

출처: refinitive, UPRISE

면 기업들의 생산성과 수익성이 높은 것으로 본다. 경제 활동과 거래 활동이 활발해질수록 기업 번영 지수가 높아지기 때문에 지수가 높으면 중국 경제가 성장하고 있다고 판단할 수 있다.

기업 번영 지수는 중국 내 기업들의 경제 활동을 살펴보고 성장 가능성을 예측하는 데 도움을 준다. 나아가 이를 통해 중국 경제의 현재와 미래를 유추해볼 수 있어 중국시장에 관심이 많은 투자자에게 유용한 지표다.

SIPF 투자 신뢰 지수

SIPF Investor Confidence Index

http://www.sipf.com.cn/

중국 증권투자자보호펀드공사 SIPF, China Securities Investor Protection Fund Corporation 가 매달 투자자들을 대상으로 한 설문 조사를 바탕으로 산출하는 지표다. 투자자들이 향후 경기를 얼마나 낙관적으로 보는지를 측정한다.

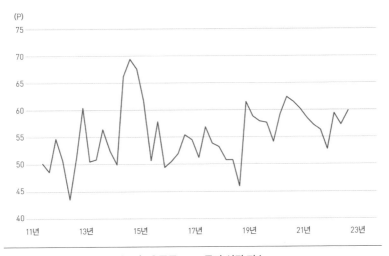

[그림93] 중국 SIPF 투자 신뢰 지수

출처: refinitive, UPRISE

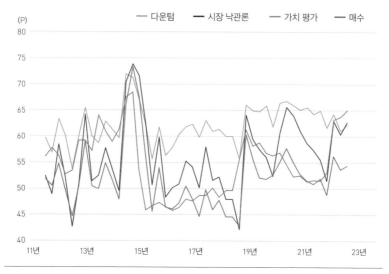

[그림94] 세부 항목별 SIPF 투자 신뢰 지수

출처: refinitive, UPRISE

 살펴보면 유용한 하위 지수

- 세부 항목: 주식시장 다운텀, 업텀, 매수, 가치 평가

07
CKGSB 기업 환경 지수
CKGSB Business Conditions Index
http://english.ckgsb.edu.cn/

리웨이李偉 장강경영대학원CKGSB, Cheung Kong Graduate School of Business 경제학 교수의 지도하에 발표되는 경기 상황 지수다. 응답자 기업의 경쟁력이 업계 평균인 50보다 높은지, 낮은지 혹은 비슷한지를 설문 조사한 결과를 바탕으로 산출한다. 지수가 기준인 50보다 높으면 중국 기업들의 향후 경기 전망을 낙관적으로, 50보다 낮으면 비관적으로 평가할 수 있다.

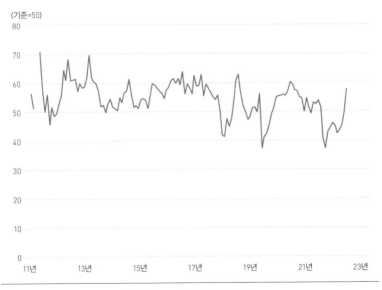

[그림95] CKGSB 기업 환경 지수

출처: refinitive, UPRISE

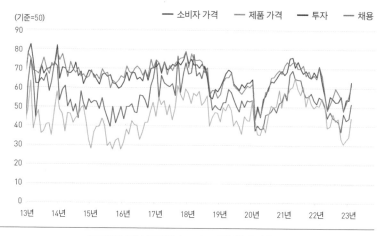

[그림96] 세부 항목별 CKGSB 기업 환경 지수 1

출처: refinitive, UPRISE

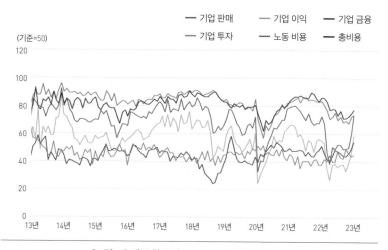

[그림97] 세부 항목별 CKGSB 기업 환경 지수 2

출처: refinitive, UPRISE

살펴보면 유용한 하위 지수

• 세부 항목: 기업 판매, 기업 이익, 기업 금융, 투자, 노동 비용, 총비용, 소

비자 가격, 제품 가격, 투자, 채용

01

산업 생산

China Production, Value Added, Industry, Constrain Prices

http://www.stats.gov.cn/

중국 기업들이 얼마나 많은 물건을 생산하고 있는지 조사한 것으로, 중국 경제 상황을 판단할 수 있는 지표다. 이 지수가 증가하고 있다면 경기를 낙관적으로, 하락하고 있으면 비관적으로 전망할 수 있다.

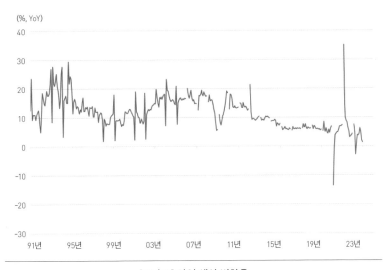

[그림98] 산업 생산 변화율

출처: refinitive, UPRISE

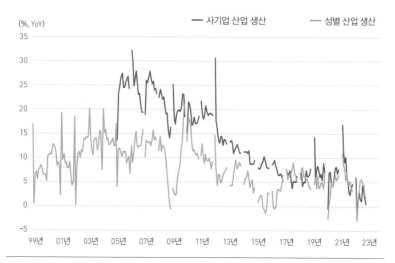

[그림99] 세부 항목별 산업 생산 변화율

출처: refinitive, UPRISE

살펴보면 유용한 하위 지수

• 산업별 산업 생산, 산출량

• 성별 산업 생산

02

부동산 개발 투자

China, Investment of Real Estate Development,
floor space under construction

http://www.stats.gov.cn/

중국 내 부동산 개발과 투자 현황을 나타낸다. 주거용과 산업용을 구분하여 발표한다.

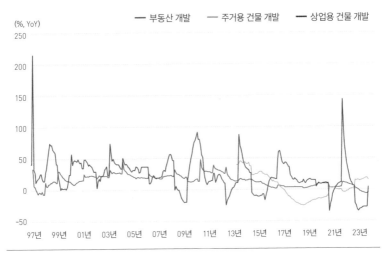

[그림100] 부동산 개발 투자 변화율

출처: refinitive, UPRISE

○─ **살펴보면 유용한 하위 지수**

• 세부 항목: 주거용 건물, 상업용 건물의 개발 투자 현황

03

GDP

China production approach Gross Domestic Production

http://www.stats.gov.cn/

중국 통계국에서 1차(농업), 2차(경·중공업), 3차(서비스업) 산업별 총액을 합산해서 분기별로 발표한다. 일정 기간 중국의 경제 상황을 종합적으로 파악할 수 있어 유용한 지표다.

1~2월에는 춘절과 같은 명절이 있어 디플레이터를 고려한 누계(YTD, Year To Date) 데이터를 제공한다. 2022년 4분기 기준 GDP 항목별 기여도는 소비 32.8%, 투자 50.1%, 순수출 17.1% 수준이다.

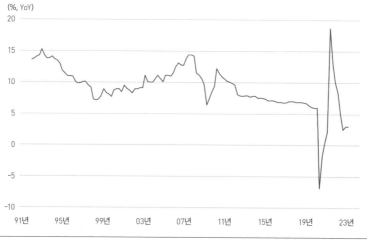

[그림101] GDP 변화율

출처: refinitive, UPRISE

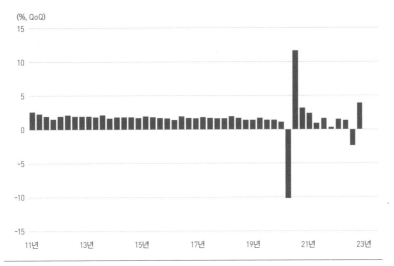

(%, QoQ)

[그림102] GDP 변화율

출처: refinitive, UPRISE

○— 살펴보면 유용한 하위 지수

- 명목 GDP: 물가 상승분을 반영한 GDP

- 실질 GDP: 물가 상승분을 반영하지 않은 GDP

- 전년 대비 증가율, 전 분기 대비 증가율

Chapter 14

정부

영향력이 확대되고 있는 정부 관련 경제지표

중국은 국가 주도의 투자 확대를 추진하며 경기 부양책을 강화하고 있다. 이와 함께 경제에서 재정의 역할과 영향력이 점점 더 커지고 있다. 그러나 규제와 완화의 반복으로 효율이 떨어지고 정부 부채가 증가해 재정 여력을 확보해야 한다는 필요성이 대두되고 있다.

01

중앙 정부 재정수지

Central Government Balance

http://www.stats.gov.cn/

중국 정부가 거두어들이는 재정의 수입과 지출의 차이다. 이 지표를 통해 중국 정부의 재정 활동 건전성을 파악할 수 있다. 수입이 지출보다 많으면 잉여가 발생하고 지출이 수입보다 많으면 적자가 난다.

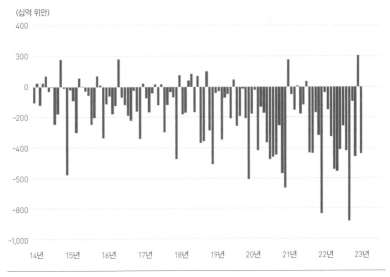

[그림103] 중앙 정부 재정수지

출처: refinitive, UPRISE

02

정부 부채

External Debt, General Government

http://www.safe.gov.cn/

중국 정부가 빌려다 쓴 돈을 나타낸 지표다. 중앙 정부와 지방 정부 그리고 비영리 공공 기관이 빌린 정부 차관을 비롯해 차입금, 국채 등을 포함한다. 중국의 재무 건전성을 파악할 수 있는 지표다.

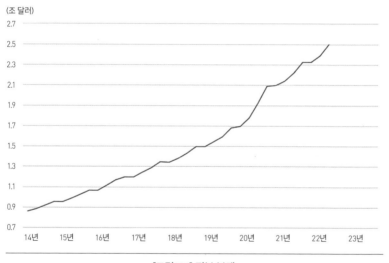

(조 달러)

[그림104] 정부 부채

Chapter 15

수출입

여전히 중국 경제에서 중요한 지표

중국은 2001년 WTO 가입을 계기로 수출입이 크게 확대되었다. 그 뒤 점차 교역 대상이 다변화하고 고부가 가치 상품의 비중도 커졌으며 중국 내 민간 기업의 역할이 증대되었다. 그러나 부족한 기술과 낮은 브랜드 가치, 주요국과의 통상 마찰 등으로 어려움을 겪기도 했다. 현재는 수출 중심에서 내수 중심으로 성장 전략을 바꾸고 있지만 여전히 수출입이 중국 경제에서 차지하는 비중은 크다.

하드 데이터

01

수출입과 무역수지

Exports & Imports and Trade Balance

http://english.customs.gov.cn/

중국의 무역수지와 상품 및 서비스의 수출입 추세를 보여준다. 중국의 수출입은 중국 세관총국이 발표하는 데이터를 기반으로 산출한다. 수출입 데이터는 월간, 분기별 및 연간으로 발표되며 주요 상품군별, 나라별로 분류된다.

무역수지란 상품의 수출과 수입의 차이다. 수출은 중국에서 다른 국가로 나간 흐름, 수입은 내부로 들어온 흐름을 의미한다. 중국의 무역수지는 WTO 가입(2001년 11월 10일) 이후 흑자를 기록하고 있으며 이는 중국의 경제 발전에 큰 영향을 미쳤다. 그뿐만 아니라 중국의 무역수지 흑자는 세계 경제의 성장을 견인하기도 했다.

참고로 중국의 무역 관련 지표를 이해하려면 홍콩의 존재를 염두에 두어야 한다. 중국 무역에서 홍콩은 대륙과의 중개자 역할을 수행하고 있다. 한국, 일본, 미국, 독일 등 주요 교역국들과 중국은 직접 교역하기보다 홍콩을 거치는 경우가 많다. 자유 무역 지역Free Trade Zone이라는 홍콩의 이점을 활용하여 중국 내 도매상 및 제조업체가 홍콩으로 상품을 수출

194

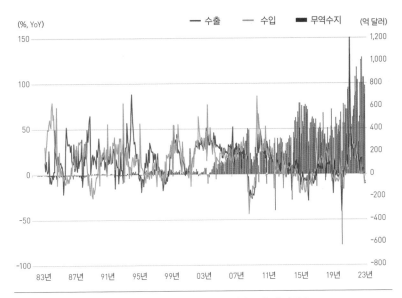

[그림105] 미 달러화 기준 무역수지와 수출입 변화율

출처: refinitive, UPRISE

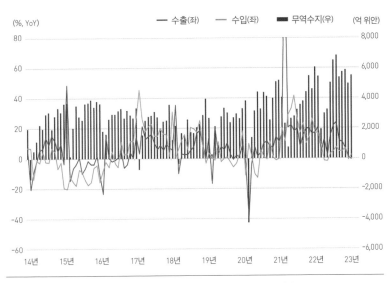

[그림106] 위안화 기준 무역수지와 수출입 변화율

출처: refinitive, UPRISE

한 뒤 홍콩에서 교역국으로 다시 수입되는 형태로 중국과 세계 각국의
무역이 이루어지고 있다.

홍콩은 중국에서 유일하게 외환 거래가 자유로운 지역이다. 따라서
중국 정부가 외환 거래와 관련된 통계나 자료를 발표하지 않는 경우 홍
콩을 통해 중국의 외환 거래량을 파악할 수 있다.

○━ 살펴보면 유용한 하위 지수

- 미 달러화 기준, 위안화 기준 지표
- 국가별, 품목별 지표

02

외환 보유고

Foreign Curency Reserves

http://www.pbc.gov.cn/english/130437/

중국인민은행이나 정부가 보유한 외국 통화 예금으로, 무역수지 불균형을 보전하거나 외환시장 안정을 위해 언제든 사용 가능한 자산이다. 정부의 자산으로는 미 달러화, 유로화, 엔화 등이 준비 통화로 사용된다.

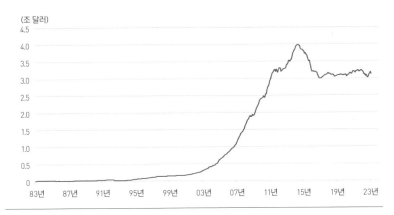

[그림107] 외환 보유고

출처: refinitive, UPRISE

🔑 살펴보면 유용한 하위 지수

- 현금, 금: 통화 외에 금도 외환 보유고에 포함

- IMF 포지션: IMF 회원국이 자유롭게 인출할 수 있는 통화

- IMF 특별 인출권: IMF 회원국이 담보 없이 인출할 수 있는 권리 또는 통화

중국의
쌍순환 전략

'내수를 키워 수출 의존도를 낮추고 무역, 투자, 소비를 전부 아우르는 체질 변화를 꾀한다'는 시진핑 정부의 쌍순환 전략에 대해 알아보자. 쌍순환은 시진핑이 집권한 2012년부터 나왔던 중국의 경제 정책이다. 2가지 순환을 가지고 중국 경제의 체질 개선을 일으키자는 뜻으로 첫째는 외순환이고 둘째는 내순환이다.

외순환 정책은 저렴한 물건을 경쟁력 있게 만들어 중국이 글로벌 수출 대국으로 자리매김하자는 전략이다. 한편 내순환은 중국 내부적으로 투자를 확대하고 내수를 일으켜 경제를 부양하자는 정책이다.

코로나19 위기가 터지기 직전까지만 하더라도 쌍순환 전략 중 외순환 정책은 엄청난 글로벌 머니를 중국으로 유치하며 큰 성공을 거두었다. 그러다 2018년 2월 '기울어진 운동장을 바로잡겠다'며 시작한 미국 트럼프 행정부의 관세 부과 정책을 촉발하기도 했다.

미·중 무역 전쟁이 단순 관세 정책을 넘어 패권 국가 간 경쟁으로 확산되는 과정에서 중국 정부는 전략적으로 내순환 정책을 강화했다. 코로나19 위기가 일어나면서 중국 내 소비를 진작시킬 수밖에 없는 상황이 되기도 했지만 2023년 시진핑 정부의 3연임을 기점으로 중국 정부는 내수 부양 정책을 더 강화할 전망이다.

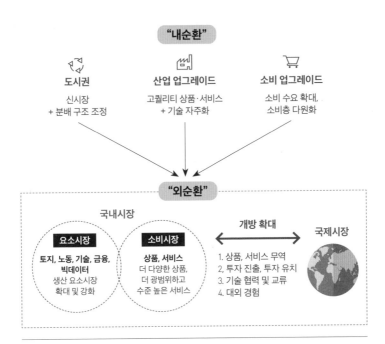

"내순환"

도시권
신시장
+ 분배 구조 조정

산업 업그레이드
고퀄리티 상품·서비스
+ 기술 자주화

소비 업그레이드
소비 수요 확대,
소비층 다원화

"외순환"

국내시장

요소시장
**토지, 노동, 기술, 금융,
빅데이터**
생산 요소시장
확대 및 강화

소비시장
상품, 서비스
더 다양한 상품,
더 광범위하고
수준 높은 서비스

개방 확대

국제시장
1. 상품, 서비스 무역
2. 투자 진출, 투자 유치
3. 기술 협력 및 교류
4. 대외 경험

[그림108] 중국의 쌍순환 전략

출처: UPRISE

Chapter 16

물가

중국도 피할 수 없는 인플레이션

중국은 그동안 값싼 노동력으로 세계의 공장 역할을 하며 디플레이션을 수출해왔다. 그러다 보니 중국은 인플레이션 안전지대로 여겨졌다. 그러나 중국 인구가 고령화되면서 노동자들의 임금이 상승했고 인플레이션을 피할 수 없게 되었다.

01

소비자 물가 지수

Consumer Prices Index

http://www.stats.gov.cn/

중국 통계국에서 매월 10일 전후에 발표하는 소비자 물가 지수다. 8개 세부 항목으로 구성되며 변동 폭이 큰 석유류와 식품류를 제외한 핵심 소비자 물가 지수도 제공한다.

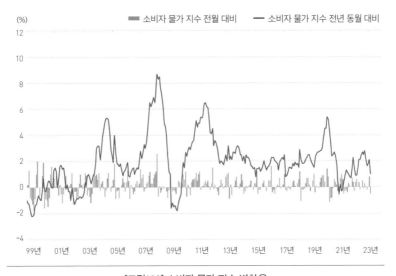

[그림109] 소비자 물가 지수 변화율

출처: refinitive, UPRISE

[그림110] 핵심 소비자 물가 지수 변화율

출처: refinitive, UPRISE

 살펴보면 유용한 하위 지수

- 품목별 물가 지수

- 도시 및 농촌의 물가 지수

02

생산자 물가 지수

Producer Price Index

http://www.stats.gov.cn/

특정 기간 중국 기업이 제조해서 판매한 물품의 가격 변동 추세와 정도를 조사한 지수다. 가격이 생산과 부가 가치에 미치는 영향을 살펴볼 수 있다. 중국 통계국에서 매월 10일 전후에 발표하며 경·중공업, 생산재·생필품, 원자재 업종별 물가 지수로 구성된다.

[그림111] 생산자 물가 지수 변화율

출처: refinitive, UPRISE

◯─ 살펴보면 유용한 하위 지수

• 산업별 생산자 물가 지수

03

돼지고기 도매가격

Wholesale Prices of Agricultural Products, Pork

http://www.mofcom.gov.cn/

중국 상무부에서 매주 1kg당 돼지고기 도매가를 조사해 발표한다.

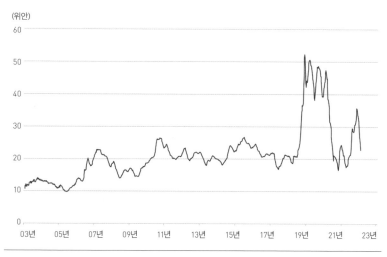

[그림112] 돼지고기 도매가격

출처: refinitive, UPRISE

중국 돼지고기 가격이
왜 중요할까?

중국은 세계 최대 돼지고기 생산 및 소비국이다. 돼지고기는 중국의
주요 식량 원재료로 자리 잡고 있는데 2018년 중국의 돼지고기 소비
량이 전 세계 소비량의 약 50%에 육박했다. 인구 증가 및 생활 수준
향상 등으로 중국의 돼지고기 수요는 계속 증가하고 있다.

돼지$_{pig}$와 인플레이션$_{inflation}$을 합쳐서 '피그플레이션$_{pigflation}$'이라는 말
이 생길 정도로 돼지고기 가격은 중국 소비자 물가 지수에 큰 영향을
미친다. 돼지 관련 질병이 발생해 공급에 차질이 생기거나 국제 사료
가격이 변동하면 돼지고기 가격에 영향을 받는다. 중국에서는 돼지고
기 가격이 상승하면 물가도 상승한다. 그렇다 보니 소비자 물가 지수의
약어 CPI를 '중국 돼지 지수'$_{China\ Pig\ Index}$라고 부르기도 한다.

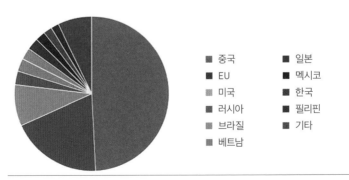

[그림113] 2018년 국제 돼지고기 소비량

출처: PBoC, UPRISE

04

수출 물가 지수 & 수입 물가 지수

Export Prices, Total Value, Index & Import Prices, Total Value, Index

http://www.stats.gov.cn/

수출 물가 지수는 중국에서 외부로 나가는 상품 및 서비스의 거래를 측정한 것이다. 과거 수출은 중국 경제를 견인했고 이 부문을 살펴보면 향후 중국의 경제 성장률을 가늠할 수 있다.

수입 물가 지수는 중국 소비자의 시각에서 상품 및 서비스 가격의 변동을 측정한 것으로 구매 동향과 인플레이션의 변동을 파악할 수 있다.

수출 물가를 수입 물가로 나누면 순상품 교역 조건 지수를 구할 수 있다. 이는 수출 대금 한 단위로 얼마나 상품을 수입할 수 있는지를 나

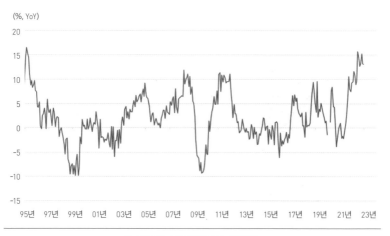

[그림114] 수출 물가 지수 변화율

출처: refinitive, UPRISE

타낸다. 수치가 100 미만이면 수출품이 수입품에 비해 상대적으로 저평가를 받고 있다는 뜻이다.

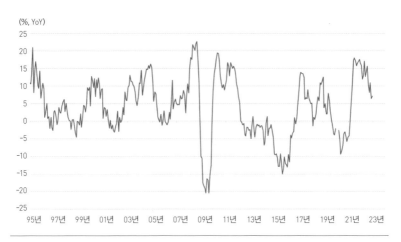

[그림115] 수입 물가 지수 변화율

출처: refinitive, UPRISE

[그림116] 순상품 교역 조건 지수 변화율

출처: refinitive, UPRISE

- 산업별 수입, 수출 물가

05

신규 주택 가격

House Prices, Overall, Newly Built

http://www.stats.gov.cn/

모기지 거래를 기준으로 가중치가 부여된 반복 매매 지수로 동일 주택에 대한 반복 매매 또는 재융자의 평균 가격 변동을 조사한다. 비율은 연간 기준으로 변동되며 70개 도시에서 측정한다.

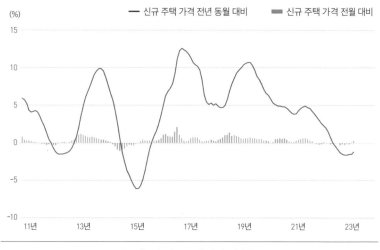

[그림117] 신규 주택 가격 변화율

출처: refinitive, UPRISE

🔘 살펴보면 유용한 하위 지수

• 전년 동월 대비 증가율, 전월 대비 증가율

06

사회 융자 총량

Total Social Financing

http://www.pbc.gov.cn/

중국인민은행이 2011년부터 도입한 유동성 지표로, 이전의 위안화 신규 대출을 대체한다. 세부 항목별 액수를 누적한 결과가 총액이다.

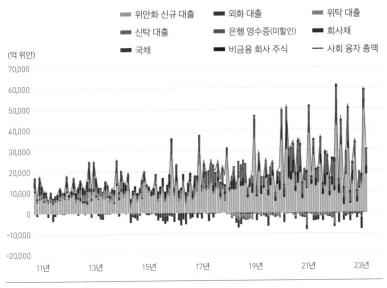

[그림118] 사회 융자 총량

출처: refinitive, UPRISE

살펴보면 유용한 하위 지수

- 세부 항목: 위안화 신규 대출, 외화 대출, 위탁 대출, 신탁 대출, 할인되지 않은 은행 영수증, 회사채, 국채, 비금융 기업 국내 주식

07

통화 공급

Money Supply

http://www.pbc.gov.cn/

중국인민은행은 물가 안정을 추구한다. 경기가 침체했을 때는 소비자와 기업의 지출을 촉진하기 위해 통화 공급을 늘리거나 금리를 낮춘다. 인플레이션이 나타나면 반대로 통화 공급을 줄이거나 금리를 높인다.

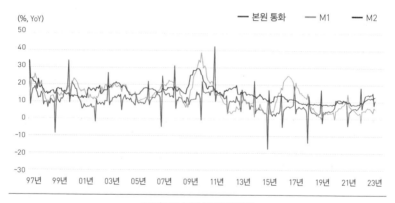

[그림119] 통화 공급 변화율

출처: refinitive, UPRISE

⊙— 살펴보면 유용한 하위 지수

- M0: 본원 통화. 민간 보유 현금

- M1: 협의 통화. M0 + 수표, CMA 등 언제라도 현금화할 수 있는 예금

- M2: 광의 통화. M1 + 정기 단기 예금, MMF 등

- M3: M2 + 대형 정기 예금, 기관 펀드, 단기 환매 가능 자산 등

08

대출 우대 금리[기준 금리]

Loan Prime Rate

http://www.pbc.gov.cn/

대출 우대 금리LPR, Loan Prime Rate는 은행이 최우량 고객에게 제공하는 금리로, 사실상 중국의 기준 금리로 여긴다. 18개 시중 은행이 매달 대출 우대 금리를 당국에 제출하면 평균을 내 발표한다.

[그림120] 중국 대출 우대 금리

출처: refinitive, UPRISE

살펴보면 유용한 하위 지수

• 1년 만기 금리, 5년 만기 금리

LPR은 왜 사실상
기준 금리가 되었을까?

중국 금융시장은 오랜 역사를 가지고 있지만 개방된 것은 최근의 일이다. 중국 금융시장이 어떻게 개방되었는지를 살펴보면 LPR이 왜 사실상 기준 금리가 되었는지를 이해할 수 있다.

1949년 공산당이 중화인민공화국을 수립한 뒤 공공 소유의 전면적인 금융 체제가 시행되었다. 그러다 1978년부터 시작한 경제 개혁과 함께 중국 금융시장도 개방되었다. 중국은 국내외 금융 기관의 개입을 허용하며 국내 금융시장과 외부 금융시장을 연결하는 국제화 정책을 추진했다. 이와 함께 중국 금융시장은 괄목할 만한 성장을 이루었다.

중국 금융시장 개방은 시기별로 구분할 수 있다. 먼저 1990년대부터 2000년대 초기다. 이때 중국은 금융시장 개방을 시작하면서 은행에게 대출 금리를 자율적으로 조정할 수 있게 해주었다. 하지만 금융 안정을 위해 기준 금리를 통제하는 방식을 채택했다.

2000년대 중기 중국은 금융시장을 안정적으로 운영하기 위해 기준 금리를 조정하는 방식을 시도했다. 기준 금리를 이용해 금리 조절 정책도 시행했다.

2010년대 후반 중국은 금리 자율화를 추진했다. 금융시장의 자율성과 효율성을 높이기 위해 대출 금리를 이전보다 더 자율적으로 조정하는 방식을 채택한 것이다.

중국은행이 LPR을 사실상 기준 금리로 사용하게 된 것도 2019년의 일이다. LPR은 중국은행이 제공하는 신용 대출 금리의 기준으로 은행은 이를 기반으로 대출 금리를 정한다. LPR 제도를 시행한 것은 2013년부터지만 은행들이 대출 기준 금리에 맞춰 LPR 금리를 보고해 금리 인하 효과가 제대로 나타나지 못했다. 그래서 2019년 LPR 발표 횟수를 줄이고 조사 대상 은행의 수를 늘리고 5년 만기 대출 상품에도 LPR을 적용할 수 있도록 하는 등 대대적인 개혁으로 금리 자율화를 촉진했다.

금리 자율화와 더불어 중국 금융시장에서는 기업 금융, 증권, 보험 등 금융 서비스 제공을 위한 규제가 완화되고 있다. 이 덕분에 새로운 기업들이 진출하면서 계속 발전하고 있다.

Part 3

유로존 경제지표:

역내 경제권에서의
순환이 중요하다

유럽은 미국과 중국에 이어 세계 3대 경제 축으로,

세계 경제를 전망하는 데 중요한 지역이다.

그러나 2018년 글로벌 금융 위기 이후 남유럽의 재정 위기(PIGS

남유럽 위기)로 인해 장기 불황에서 벗어나지 못하고 있다.

코로나19 팬데믹이 일어난 뒤로는 관광 산업도 타격을 받았으며

러시아·우크라이나 전쟁으로 에너지 패러다임의 변화라는

또 다른 도전에 직면했다.

Chapter 17

소비

유로존 경제에서 가장 큰 비중을 차지하는 요인

유로존 경제에서 소비는 52%의 큰 비중을 차지하므로 소비 관련 지표들을 보면 유로존 경제를 파악할 수 있다. 유로존 경제는 세계 경제에서 차지하는 비중이 클 뿐만 아니라 신 냉전 시대로 접어들면서 한국 수출 기업에 미치는 영향도 커졌기 때문에 주시할 필요가 있다.

유럽과
유로존의 차이

유럽과 유로존의 차이점을 알면 유럽을 공부할 때 혼란을 줄일 수 있다.

1993년 11월 유럽공동체EC, European Community는 마스트리히트 조약에 따

라 경제 통화 동맹, 외교 안보 정책, 내무 사법 협력을 추가하여 유럽연

합EU, European Union로 개편되었다. 이때 외교 안보 정책과 내무 사법 협력

은 정부 간 협조 강화에 중점을 두었다. 즉, EU는 통합 의지를 강조한

정체적 개념이다.

한편 유로존은 유로EURO를 사용하는 유럽 국가들을 뜻한다. 즉, 유럽

안에 속하는 개념이라고 할 수 있다. 1995년 EU가 스페인 마드리드

EU 정상 회담에서 1999년 1월 유럽통화동맹EMU, Economic and Monetary Union

을 출범시키고 단일 통화 명칭을 유로로 하는 데 합의하면서 1999년

11개 국가를 시작으로 유로존이 형성되었다. 27개 EU 회원국 중 영국,

스웨덴, 덴마크, 폴란드처럼 유로 대신 자국 고유의 화폐를 쓰는 국가

들은 유로존에서 제외되었다.

유로존에 가입하기 위해서는 재정, 부채, 물가, 환율 등의 조건을 충족

해야 한다. 첫 번째 가입 조건은 재정 적자 비율로, 연간 적자나 흑자가

GDP의 3% 이내여야 한다. 정부 부채도 GDP의 60% 이내여야 한다.

두 번째 가입 조건은 물가 상승률이 독일 등보다 1.5%p 이상 높지 않

구분		국가
EU 회원국 (총 27개국)	유로존 회원국 (총 20개국)	오스트리아
		벨기에
		핀란드
		프랑스
		독일
		아일랜드
		이탈리아
		룩셈부르크
		네덜란드
		포르투갈
		스페인
		그리스
		슬로베니아
		키프로스
		몰타
		슬로바키아
		에스토니아
		라트비아
		리투아니아
		크로아티아
	비유로존 회원국 (총 7개국)	덴마크
		루마니아
		불가리아
		스웨덴
		체코
		폴란드
		헝가리

[표12] EU 회원국과 유로존 회원국

출처: UPRISE

아야 한다. 세 번째 조항은 환율인데, 가입 신청국은 적어도 2년 동안

유로-자국 통화의 고정 환율을 유지해야 한다. 네 번째로 10년 만기 국

채 금리도 독일 등과 견주어 2.0%p 이상 높으면 안 된다. 하지만 유로 존 탈퇴 조건이나 절차는 없다.

2023년 현재 유로존 회원국은 20개로 오스트리아, 벨기에, 키프러스, 에스토니아, 핀란드, 프랑스, 독일, 그리스, 아일랜드, 이탈리아, 라트비아, 리투아니아, 룩셈부르크, 몰타, 네덜란드, 포르투갈, 슬로바키아, 슬로바니아, 스페인, 크로아티아가 있다. 특히 크로아티아는 2023년부터 정식 EU 회원국의 지위를 확보한 동시에 약 7년 만에 유로화 확대 국가가 되었다.

01
유로존 소비자 심리 지수
EC Consumer Survey
http://ec.europa.eu/

EU 통계청 유로스타트Eurostat가 매달 발표하며, 유럽 20개국의 소비 심리를 나타낸 지표다. 현재 체감 경기와 앞으로의 경기에 관해 심리적인 전망을 조사해서 산출한다. 0을 기준으로 100에서 −100까지의 범위로 나타내며, 경기 전망과 유로화의 강세 혹은 약세를 판단하는 선행 지수다.

[그림121] 유로존 소비자 심리 지수

출처: refinitive, UPRISE

(기준=0)

— 주택 구매 의사   — 자동차 구매 의사   — 주택 가격

[그림122] 1년 뒤 인플레이션을 감안한 유로존 소비자 심리 지수

출처: refinitive, UPRISE

🔍 살펴보면 유용한 하위 지수

- 20개 유럽 국가별(월별) 소비자 심리 지수

- 가계 재무 현황(월별)

- 1년 뒤 인플레이션을 감안한 주택 구매 의사, 자동차 구매 의사, 주택 가격

  (분기별)

02
소비자 신뢰 지수
Consumer Survey, Consumer Confidence Indicator
http://ec.europa.eu/

유로스타트가 매달 발표하며, 전 회원국의 3만 3,000가구를 대상으로 현재 경제 상황과 경제 전반에 대한 평가, 저축과 소비 의향을 설문 조사해 산출한다. 27개 회원국 평균치와 유로존 국가의 평균치도 발표한다. 유로존의 소비시장을 전망할 수 있는 지수다.

[그림123] 유로존 소비자 신뢰 지수와 주요 물품 구매 현황

출처: refinitive, UPRISE

(기준=0)

— 12개월 후 물가　— 12개월 후 금융 상황　— 12개월 후 경제 상황

[그림124] 유로존 소비자 신뢰 지수의 12개월 후 전망

출처: refinitive, UPRISE

살펴보면 유용한 하위 지수

- 가계 자산 현황

- 12개월 후 물가, 금융 상황, 경제 상황에 대한 전망

- 주요 물품 구매 현황

03

소매 판매 서베이

Retail Trade Survey, Total Prices Expectations

http://ec.europa.eu/

EU 국가들의 여러 경제 부문에 관해 정기적으로 조사한 지수다. 다양한 조사 대상 국가의 경기 흐름을 비교할 수 있으며 유럽 지역 경제의 발전 가능성을 예측할 수 있다.

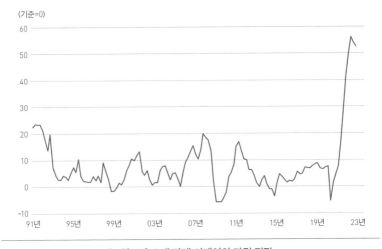

[그림125] 소매 판매 서베이의 가격 전망

출처: refinitive, UPRISE

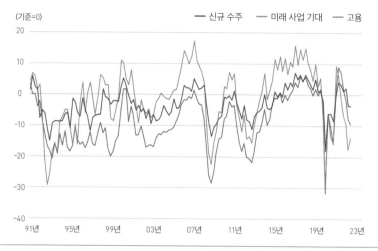

(기준=0)　　　　　　　　　　　　　— 신규 수주　— 미래 사업 기대　— 고용

[그림126] 소매 판매 서베이의 신규 수주, 미래 사업 기대, 고용 조사

출처: refinitive, UPRISE

◯─ **살펴보면 유용한 하위 지수**

- 세부 항목: 신규 수주, 미래 사업 기대, 고용, 가격 전망

01

소매 판매

Retail Sales

http://epp.eurostat.ec.europa.eu/

유로스타트가 매월 발표하는 지표로 국가별 소비자의 수요를 예측하는 데 중요한 요소다. 이 지표에는 가격 변동성이 큰 자동차 판매 데이터는 포함되지 않으며 의류, 식품 등의 품목을 위주로 산출한다.

소매 판매는 기업의 분기별 또는 연간 보고서 제출 전에 경기 동향을

[그림127] 소매 판매

출처: refinitive, UPRISE

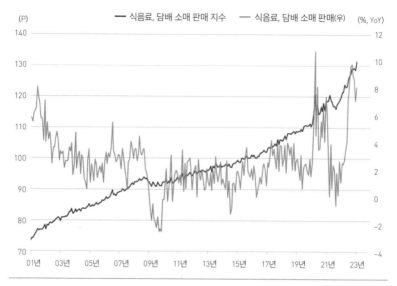

[그림128] 식음료, 담배 소매 판매

출처: refinitive, UPRISE

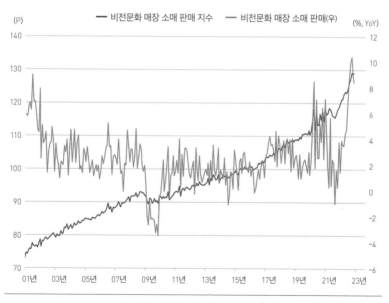

[그림129] 비전문화 매장 소매 판매

출처: refinitive, UPRISE

(P)
140
130
120
110
100
90
80
70

— 연료 제외 비식품 소매 판매 지수   — 연료 제외 비식품 소매 판매(우)

(%, YoY)
50
40
30
20
10
0
-10
-20
-30
-40

01년 03년 05년 07년 09년 11년 13년 15년 17년 19년 21년 23년

[그림130] 연료 제외 비식품 소매 판매

출처: refinitive, UPRISE

살피는 선행 지표로 활용도가 높다. 기업은 수요 증가를 통해 이익을 늘려 펀더멘털을 강화하며, 기업의 성장은 국가 경제의 성장에 기여한다. 따라서 이 지표를 보면 전반적인 경제 전망까지 가늠할 수 있다.

⊙━ 살펴보면 유용한 하위 지수

- EU 국가별 소매 판매 지수

- 품목별 소매 판매 지수

개인 소비 지출

Personal Expenditure

http://epp.eurostat.ec.europa.eu/

유럽 국가들의 가계와 민간 비영리 기관이 특정 기간 재화 및 서비스를 구매하는 데 지출한 비용을 나타낸다.

[그림131] 개인 소비 지출 변화율

출처: refinitive, UPRISE

⚬━ **살펴보면 유용한 하위 지수**

• 가계 및 비영리 단체의 지출

• 일반 정부: EU 회원국들의 정부 지출

Chapter 18

소득

가계 소비의 원천인 고용 및 부동산 지표

어느 가계나 소득이 증가하면 소비도 늘기 마련이다. 개인 소비 지출의 근원으로서의 소득을 살펴보면 소비의 흐름과 경제 상황을 알 수 있다. 소득의 대부분은 급여에서 나오므로 고용 관련 지표를 봐야 하며, 자산의 가치가 상승하면 소비도 상승하는 '자산 효과'에 큰 영향을 주는 부동산 관련 지표도 살펴볼 필요가 있다.

01

유로존 임금 협상 지수

Euro Zone, Memo Item: indicator of negotiated wages

http://www.ecb.int/

유럽중앙은행ECB, The European Central Bank이 노동 비용과 임금 지표를 정기적으로 모니터링해서 산출하는 지표로, 노동 시간과 인력 구성의 변화에 따라 조정된 전년도의 협상 임금 변화율로 계산한다.

[그림132] 유로존 임금 협상 지수

출처: refinitive, UPRISE

유로존 임금 협상 지수는 유로존의 노동시장 상황과 인플레이션 압력의 주요 지표다. 즉, 이 지표로 노동시장의 건전성을 판단하고 노동 비용이 물가에 미치는 영향을 예측할 수 있다. 임금 상승은 소비 지출 증가와 전반적인 경제 성장으로 이어질 수 있지만 이에 상응하게 생산성이 증가되지 않으면 인플레이션이 일어날 수 있다.

건설 경기 신뢰 지수

Construction Confidence Indicator

http://ec.europa.eu/

건설 기업을 대상으로 현재 경제 상황과 미래 발전에 대한 기대를 조사한 것을 바탕으로 산출한 통계 지표다. 건설 경기의 기대치를 통해 향후 경제 상황을 예측할 수 있다.

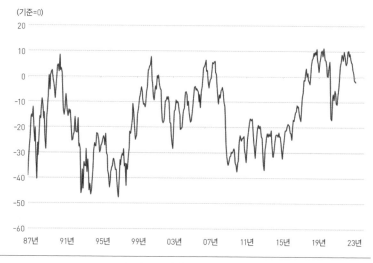

[그림133] 건설 경기 신뢰 지수

출처: refinitive, UPRISE

01

피용자 보수

EC, Comensation per Employee

http://www.ecb.int/

피용자 보수란 노동의 대가로 받는 현금과 현물 등의 보수다. 급여는 물론 기타 수당이나 고용주가 부담하는 사회 보장 기금, 연금, 보험 등도 이에 포함된다. 국민 소득에서 노동 소득이 차지하는 비율을 확인할 수 있으며, 다른 소득과의 비교를 통해 노동 소득의 상대적 크기를 측정할 수 있다.

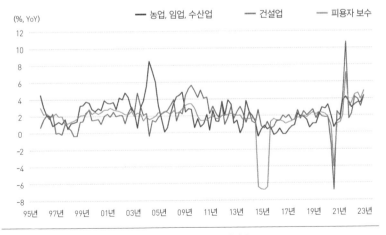

[그림134] 피용자 보수 변화율

출처: refinitive, UPRISE

02

실업률

Unemployment Rate

http://epp.eurostat.ec.europa.eu/

실업률은 실업자를 경제 활동 인구로 나눈 것이다. 노동력은 고용된 사람들과 실업자들의 총합이다. 실업자는 15~74세의 사람들로 구성되며 그 기준은 다음과 같다. 해당 주 동안 무직 상태여야 하며 일을 할 수 있는 상태고 적극적으로 일자리를 찾고 있어야 한다. 실업률이 상승하면 경기 회복을, 하락하면 경기 침체를 예측할 수 있다.

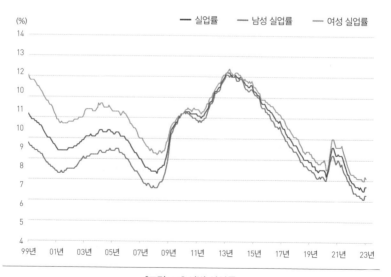

[그림135] 성별 실업률

출처: refinitive, UPRISE

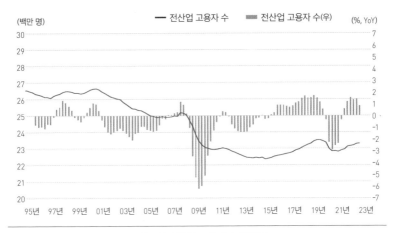

[그림136] 전산업 고용자 수 변화율

출처: refinitive, UPRISE

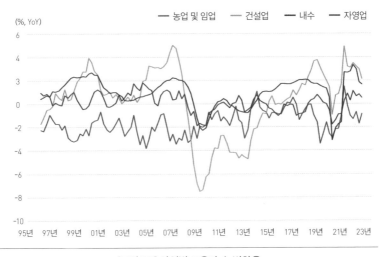

[그림137] 산업별 고용자 수 변화율

출처: refinitive, UPRISE

○── 살펴보면 유용한 하위 지수

- 국가별, 연령별, 성별 실업률

- 산업별 노동 시간 및 고용 시간

03
주택 가격 지수
House Price Index
http://epp.eurostat.ec.europa.eu/

신규 및 기존 주거용 부동산의 가격 변동을 알려준다. 시장 가격만 고려하므로 직접 지은 주택은 제외한다. 분기별, 연간 변화율을 발표한다.

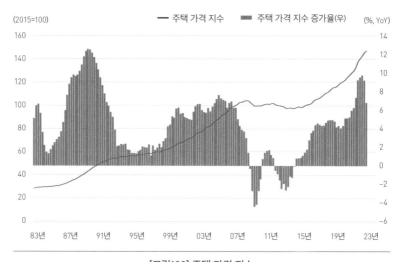

[그림138] 주택 가격 지수

출처: refinitive, UPRISE

🔑 살펴보면 유용한 하위 지수

• 유로존 부동산 가격: 유로존 국가들의 모든 부동산 가격

• 주택(레지던스) 가격: 아파트, 단독 주택, 테라스하우스 등의 가격

Chapter 19

기업 활동

기업 투자를 보면 기업 활동이 보인다

기업의 투자가 줄어 유럽의 기업 활동이 위축되었다면 유럽 경제가 위축되었다는 뜻이다. 기업의 투자와 관련된 지표들을 살펴보면 기업 활동 상황을 파악할 수 있고, 나아가 세계 경제를 파악할 수 있다.

01

기업 환경 지수

Business Climate Indicator

http://ec.europa.eu/

유로존 국가를 대상으로 기업이 사업을 하기에 용이한 환경인지 평가
하여 발표하는 지표다. 매월 기업들을 대상으로 실시한 설문 조사를 기
반으로 유럽 지역 내 사업 환경을 측정한다. 기준인 0보다 높으면 긍정적
이고, 0보다 낮으면 부정적인 환경으로 간주한다.

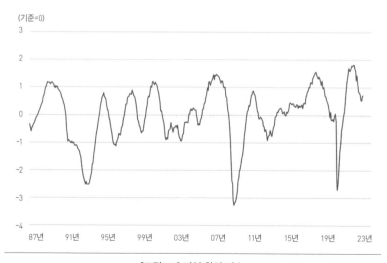

[그림139] 기업 환경 지수

출처: refinitive, UPRISE

단위: P

	현재 상황	신규 수주	신규 수출	재고	생산 기대	가격 기대	고용
2020년 1월	-11.2	-17	-17	7	10.4	9.5	-3.7
2022년 12월	1.5	-3.9	-11.6	10.7	0.8	40.4	3.9
러·우 전쟁 이후	12.7	13.1	5.4	3.7	-9.6	30.9	7.6

[표13] 러·우 전쟁 전후 기업 환경 지수 세부 항목 비교

 살펴보면 유용한 하위 지수

• 세부 항목: 현재 상황, 신규 수주, 신규 수출, 재고, 생산 기대, 가격 기대,

고용 등

유로존 S&P 글로벌 PMI 지수

S&P Global Purchasing Managers Index

https://www.markiteconomics.com/

S&P가 유로존 제조업체의 구매 관리자를 대상으로 실시한 월간 설문 조사 결과를 기반으로 산출한 지수다. 중앙은행, 금융시장, 비즈니스 결정권자가 경제 동향을 예측하는 데 활용한다.

[그림140] 산업별 유로존 S&P 글로벌 PMI 지수

출처: refinitive, UPRISE

살펴보면 유용한 하위 지수

- 산업별: 제조업, 서비스업, 건설업 등의 PMI 지수

- 국가별 PMI 지수

유로코인 경제 활동 지수

Eurocoin Euro Area Business Cycle Indicator

http://www.bancaditalia.it/

ECB와 룩셈부르크경제연구소CEPS/INSTEAD, Luxembourg Institute of Socio-Economic Research가 공동으로 발표하는 EU 내 경제 활동의 현황 및 예측을 나타내는 지표다. 유로존 내 경기 순환과 인플레이션을 추적하는 데 사용된다.

이 지수는 GDP, 실업률, 소매 판매, 산업 생산 등을 경제지표를 종합하여 계산한다. 다양한 경제 활동을 반영하는 만큼 유로존 경제의 전반적인 상황을 나타내는 표준 지표로 꼽힌다. 유로존 내 경기 전망과 관련한 시장, 정부, 학계 등에서 활발하게 활용하는 지표이기도 하다.

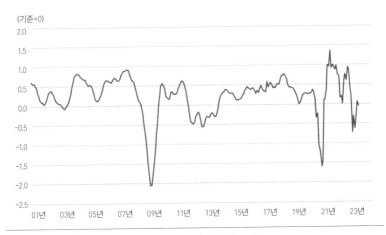

[그림141] 유로코인 경제 활동 지수

출처: refinitive, UPRISE

유로존 시스템 스트레스 지수

Eurozone Composite Indicator of Systemic Stress Index

http://www.ecb.int/

금융 시스템에 문제가 생길 위험성을 측정하는 지수로 주식, 외환, 채권, 단기 자금, 금융 중개 기관의 5개 하위 지수와 지수 간 상관계수로 구성된다. 5개 하위 지수에는 총 15개의 스트레스 측정 지표가 포함된다. 지수는 0~1 사이의 값으로 1에 가까울수록 시스템 리스크가 커진다는 의미다. 이때 시스템 리스크란 금융사가 아닌 금융 시스템 전체가 부실화될 위험을 뜻한다.

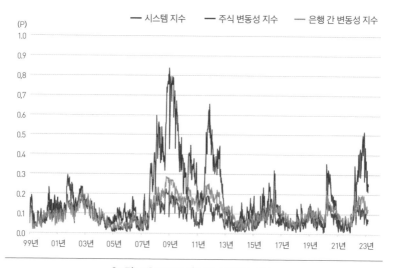

[그림142] 유로존 시스템 스트레스 지수

출처: refinitive, UPRISE

살펴보면 유용한 하위 지수

- 주식 변동성 지수: 주식시장의 변동성을 측정한 지수

- 은행 간 변동성 지수

05

유로존 ZEW 경기 전망 지수

Euro Zone ZEW Indicator of Economic Sentiment

http://www.zew.de/

유로존의 6개월 뒤 경제 전망의 상대적 수준을 나타내는 지수로, 약 350개 독일 기관 투자자 및 애널리스트를 대상으로 한 설문 조사를 바탕으로 산출한다. 이 지수가 0보다 크면 경기 전망이 낙관적이고, 0 미만이면 비관적이라는 뜻이다. 경제 건전성에 대한 선행 지표로 활용된다.

[그림143] 유로존 ZEW 경기 전망 지수

출처: refinitive, UPRISE

- 유로존 국가별 현재 경제 상황

- 유로존 국가별 ZEW 경기 전망 지수

하드 데이터

01

산업 생산

Euro Zone Production

http://epp.eurostat.ec.europa.eu/

유로스타트가 매달 발표하는 유로존 내 산업 생산에 관한 지표다. 제조업, 광업, 유틸리티업 등 다양한 산업 부문의 생산량과 유로존에서 제조업, 관광업 및 유틸리티업이 생산한 총산출액의 인플레이션 조정치 변동을 보여준다.

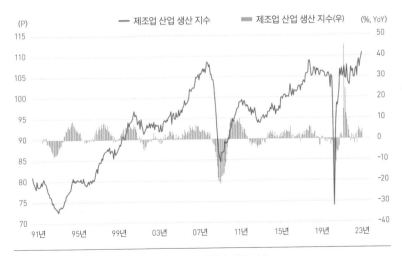

[그림144] 제조업 산업 생산 지수

출처: refinitive, UPRISE

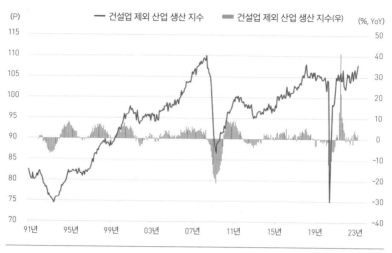

[그림145] 건설업 제외 산업 생산 지수

산업 생산은 해당 지역의 전반적인 경제 활동을 보여주는 중요한 지표로, 유로존 산업 생산은 유로화 가치와 유로존에 기반을 둔 기업들의 실적에 영향을 미칠 수 있다. 산업 생산이 높다는 것은 그 지역 기업들이 더 많은 상품을 생산하고 있다는 것을 의미하며 이는 고용 증가, 소비자 지출 증가, 경제 성장으로 이어질 수 있다.

🔘— 살펴보면 유용한 하위 지수

- 국가별 산업 생산
- 건설업 제외 산업별 생산

02
GDP
Gross Domestic Product
http://epp.eurostat.ec.europa.eu/

유로존 GDP는 유로를 통화로 사용하는 20개 EU 국가들의 총 경제 생산량을 의미한다. 유로스타트가 연간 기준으로 제공하며 일부 주요 지표는 분기별로 발표한다. EU 회원국, EFTA 가입국, EU 후보국의 자료를 받아 EU와 유로 지역 집계를 산출한다.

유로존 GDP는 유로존 경제 활동에 대한 가장 광범위한 척도인 동시에 유로존 경제의 건전성을 보여주는 중요한 지표다. 유로존 GDP로 유로존 국가들의 경제 성과를 비교하고 경제 활동의 추세를 파악할 수 있다.

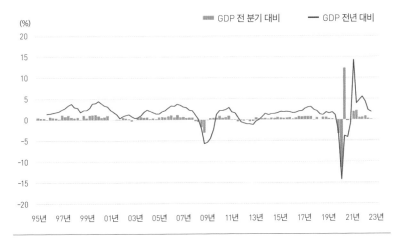

[그림146] 유로존 GDP 변화율

출처: refinitive, UPRISE

GDP가 높다는 것은 경제 성장률이 높고 실업률이 낮으며 소비 지출이 높다는 뜻으로 경제 상황이 좋다는 의미이기도 하다. 유로존 GDP는 유로화 가치와 유로존에 기반을 둔 기업들의 실적에 영향을 미칠 수 있다.

○— **살펴보면 유용한 하위 지수**

- 개인 소비 지출: 개인이 소비한 총지출액

- 투자: 미래에 더 많은 재화와 서비스를 생산할 수 있는 자본재의 구입

- 정부 지출 및 투자: 정부가 구입한 재화와 서비스

- 재고: 재고 증가 시 GDP에 더함

- 순수출: 총수출에서 총수입을 뺀 값

- GDP 디플레이터: 물가 수준의 지표. 명목 GDP를 실질 GDP로 나눈 후 100을 곱한 값

- EU 27개국 총 GDP

- 유럽 내 국가별 GDP

Chapter 20

정부

정부 지출 및 투자에 관한 경제지표

유로존은 화폐는 통일했으나 재정 동맹 없이 출범한 탓에 한계에 부딪혔다. 독일 같은 핵심 국가들은 경상수지 흑자를 보는 반면 그리스, 스페인 등 주변부 국가들은 적자를 보는, 일명 '경상수지 불균형'이 발생했을 때 환율 변동을 통한 조정이 불가능하다는 것이 대표적인 예다. 유럽 경제 위기는 여기서 기인한다. 유로존 국가들의 재정 상태를 보면 유럽 경제를 예측할 수 있다.

01
재정 적자

Government France, Primary Deficit/Surplus as % of Gross Domestic Product

http://www.ecb.int/

유로존 GDP 대비 재정 적자 비율을 나타낸 것으로 각 국가의 재정 균형과 정부 부채 비율을 확인할 수 있는 지표다. 경상 지출에 비해 소득 수준이 높은 국가는 1차 흑자를, 소득에 비해 경상 지출 수준이 높은 국가는 1차 적자를 기록한다.

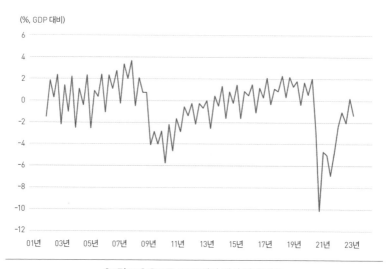

[그림147] 유로존 GDP 대비 재정 적자 비율

출처: refinitive, UPRISE

BIS 부채 데이터는 왜
유로존 경제를 대변할까?

2012년 포르투갈, 이탈리아, 그리스, 스페인의 재정 위기를 뜻하는 PIGS 남유럽 위기가 일어났다. 유럽은 통화 통합은 이뤘지만 재정 통합이라는 숙제를 아직 해결하지 못하고 있다. 이런 고유한 특성을 감안할 때 유로존의 경제를 이해하기 위해서는 부채 데이터의 향방에 주목할 필요가 있다.

국제결제은행BIS, Bank for International Settlement은 국제 금융 안정을 목적으로 각 나라 중앙은행의 관계를 조율하는 국제 협력 기구로 1930년 처음 세워졌다. 1980년 세계화의 물결과 함께 크고 작은 경기 침체들이 나타났고 이를 타개하는 과정에서 경제 주체들의 부채 부담이 높아졌다. 그래서 BIS는 은행 시스템의 건전성을 확보하기 위해 자기 자본 비율을 정했다.

BIS는 은행이 가지고 있는 위험 자산들의 비중과 함께 국가 간 부채 데이터를 집계하고 발표한다. 각 국가의 GDP 대비 가계 부채, 비은행 기업 부채와 가계 부채와 기업 부채를 합친 민간 부채 그리고 정부 부채 등의 데이터를 제공하기도 한다. 이런 역할 덕분에 BIS가 글로벌 경제에 미치는 영향력은 증가했다. 중앙은행 간 협력체로 기능하는 BIS는 중앙은행의 중앙은행으로 불리기도 한다.

Chapter 21

대외 부문

수출과 수입에 관한 경제지표

유로존의 무역수지 지표를 보면 유로존의 경제와 세계 경제의 흐름을 알 수 있다. 특히 유로존의 주요 생산 품목인 원자재(54%)와 화학제품(21.2%)은 최종재 생산 비중이 상대적으로 높은 한국 기업들에게 큰 영향을 끼친다. 우리 경제에 미치는 영향 역시 크다.

01

수출입과 무역수지

Exports & Imports and Trade Balance

http://epp.eurostat.ec.europa.eu/

　유로존의 무역수지와 상품 및 서비스의 수출입 추세를 보여준다. 국제 수지 지표는 상품의 수출과 수입의 차이를 보여준다. 수출은 EU 회원국 에서 비EU 국가로 나간 흐름, 수입은 내부로 들어온 흐름을 기록한다.

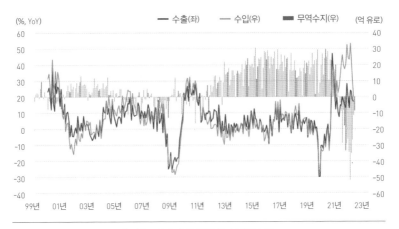

[그림148] 수출입 변화율과 무역수지

출처: refinitive, UPRISE

살펴보면 유용한 하위 지수

· 품목별, 국가별 수출입 액수

Chapter 22

물가

인플레이션에 관한 경제지표

보통 중앙은행은 물가 안정을 위해 금리를 인상하지만 유로존의 경우 경기 침체와 국가 간 불균형 때문에 금리를 과감하게 올리기 어려운 현실이다. 이런 상황에서는 인플레이션에 관한 지표를 예의주시해야 한다. 구조적으로 유로존 인플레이션에서 가장 큰 비중을 차지하는 것은 에너지 가격이다.

01

소비자 물가 지수

Consumer Prices Index

http://www.ecb.int/

소비자의 시각에서 본 상품 및 서비스 가격의 변동을 측정한다. 구매 동향 및 인플레이션의 향방을 측정할 수 있는 지표다.

[그림149] 소비자 물가 지수 변화율

출처: refinitive, UPRISE

살펴보면 유용한 하위 지수

- 핵심 소비자 물가: 일반 소비자 물가 지수에서 곡물 이외의 농산물과 석유류를 제외한 물가 지수

- 품목별: 식품, 에너지 등 8만여 품목별 소비자 물가 지수

생산자 물가 지수

Total Excluding Construction Index

http://epp.eurostat.ec.europa.eu/

유로존의 생산자가 판매한 상품 가격의 평균 변동을 측정한 지표다. 전체 인플레이션의 대부분을 차지하는 소비자 물가 인플레이션의 선행 지표로 활용된다. 보편적으로 생산자 물가 지수가 상승하면 단기적으로 소비자 물가 지수가 상승하며, 이자율 및 통화 가치의 상승으로 이어진다.

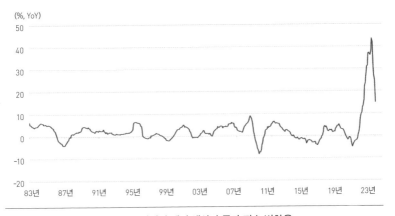

[그림150] 건설업 제외 생산자 물가 지수 변화율

출처: refinitive, UPRISE

살펴보면 유용한 하위 지수

- 핵심 생산자 물가 지수: 곡물 외 농산물, 석유류를 제외한 물가 지수

- 산업별: 제조업, 서비스업 등 산업별 생산자 물가

03

수입 물가 지수

Total Industry Import Index

http://epp.eurostat.ec.europa.eu/

유로존 내에서 소비한 수입 상품의 가격 변동을 측정한 지표다. 이 수치가 높으면 생산자 물가 지수와 소비자 물가 지수도 상승한다.

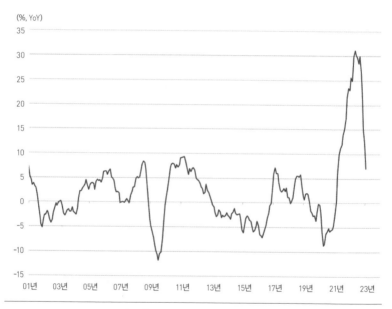

[그림151] 수입 물가 지수 변화율

출처: refinitive, UPRISE

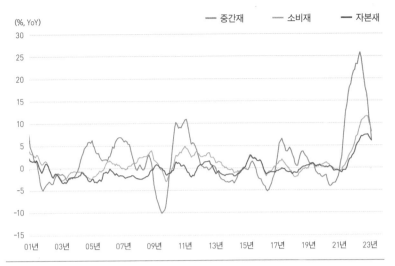

(%, YoY) ── 중간재 ── 소비재 ── 자본재

[그림152] 중간재, 자본재, 소비재 물가 지수 변화율

출처: refinitive, UPRISE

살펴보면 유용한 하위 지수

- 제조업 수입 물가 지수

- 원자재, 중간재, 최종재로 구분한 지수

- 자본재, 소비재로 구분한 지수

- 건설 및 에너지를 제외한 수입 물가 지수

ECB 정책 금리

ECB Main Refinancing Rate

https://www.ecb.europa.eu/stats/policy_and_exchange_rates/

ECB의 의사 결정 기구는 정책위원회, 집행이사회, 일반위원회 이렇게 3개 기구로 구성된다. 물가 안정을 최고 목표로 설정한 마스트리히트 조약 규정에 따라 ECB 통화 정책의 기본 목표 역시 물가 안정이 되었다. 따라서 ECB는 단기 금리를 조절하는 것은 물론 2002년부터 회원국의 금융 정책에 대한 집행권도 가지게 되었다.

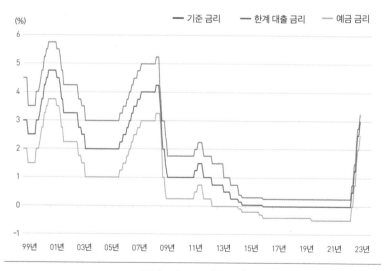

[그림153] ECB 정책 금리

출처: refinitive, UPRISE

살펴보면 유용한 하위 지수

- 기준 금리: 2023년 3월 말 기준 3.5%

- 예금(수신) 금리: 2023년 3월 말 기준 3%

- 한계 대출 금리: 2023년 3월 말 기준 3.75%

ECB 기준 금리의
종류는?

유로존 통화동맹의 실체인 ECB에는 다양한 기준 금리가 있다.

ECB는 EU 국가들의 금융 안정과 경제 성장을 유지하기 위해 설립된 중앙은행이다. ECB는 유럽 국가들의 통화 정책을 컨트롤하며 EU 국가들의 금융 시스템 안정화에 기여한다. 유럽 공화국 은행들에게 직접 금융을 제공하며, 이를 통해 금리를 조절하고 은행 시스템을 안정화한다.

기준 금리는 중앙은행이 통화 정책 목표인 물가 안정을 달성하기 위해 결정하는 정책 금리다. 2015년 이래 6주마다 통화 정책 회의를 여는 ECB는 기준 금리뿐만 아니라 예금 금리와 한계 대출 금리도 함께 결정한다. ECB는 이들 금리를 모두 기준 금리key interest rate라고 부른다. 이 3가지 금리를 살펴보자.

첫째, 예금 금리deposit faciity rate 는 ECB가 은행에 예금을 받을 때 적용하는 금리다. 예금 금리는 은행들이 ECB에 예금을 넣을 때 지불하는 비용이기도 하다.

둘째, 기준 금리main refinancing operations rate 는 공개 시장 운영을 통해 시중 금리의 기준이 되는 정책 금리다. ECB가 시중 은행에 채권을 일정 기간이 지난 뒤 다시 매수하거나 매도하는 방식으로 거래할 때 적용되는 금리다. 환매 조건부 채권 매매에 붙는 금리라는 뜻이다. 이 금리를 조정하면 은행들이 ECB에서 대출을 받을 수 있는 금액과 비용이 변하며 이를 통해 경제 성장과 인플레이션을 제어할 수 있다.

셋째, 한계 대출 금리marginal lending facility rate는 ECB가 은행에 한계 대출을 할 때 적용하는 금리다. 은행들이 ECB에서 한계 대출을 받을 때 지불하는 비용을 뜻하기도 한다. 한계 대출은 기타 대출보다 높은 금리를 적용하며 은행이 자산을 충분히 갖추어지지 않았을 때 사용된다.

Part 4

한국 경제지표:

선진국형 구조 전환에
주목하라

한국은 경제 규모 세계 10위 국가로 G7 회의에
2년 연속 초청받았다. 2021년 UN 무역개발회의는
우리나라를 선진국으로 인정했다.
전 세계적인 저성장 국면과 인플레이션으로
우리 경제는 어려움을 겪고 있다.
여타 국가들에 비해 상대적으로 안정된 재정 상황을 감안해
확대 재정 정책으로 심각한 경기 침체는 피할 수 있을 것이다.
하지만 고금리, 고물가, 고환율로 내수가 얼어붙고
수출도 흔들리고 있어 경기 둔화 가능성이 높은 상황이다.

Chapter 23

소비

경제 구조의 전환으로 중요도 상승

한국의 GDP에서 소비가 차지하는 비중은 47% 정도다. 우리나라 경제 구조가 선진국형으로 전환되면서 소비의 중요도가 점차 높아지고 있다. 경제 성장과 기술 발전으로 1인당 국민 소득이 늘어나면서 개인 소비가 증가했기 때문이다. 소비에 관련된 지표들을 통해 경기를 판단하고 전망해볼 수 있다.

01

소비자 심리 지수

Consumer Confidence Index

http://www.bok.or.kr

　한국은행에서 매월 말 발표하는, 소비자들의 경기나 생활 형편, 기대 인플레이션 등에 대한 주관적 판단과 전망을 산출한 지표다. 전국 30개 도시에서 임의 추출로 산정한 2,200가구를 대상으로 5개 부문 17개 항목을 조사한다. 미래 소비 지출 계획 등을 설문 조사로 지수화했으며 이

[그림154] 소비자 심리 지수와 기대 인플레이션

출처: refinitive, UPRISE

를 통해 가계의 소비 동향을 정확하게 파악하고 전망할 수 있다.

소비자 심리 지수는 5점 척도로 이루어져 있고 항목별로 가중치를 부여한다. 0에서 200까지로 매겨지며 기준인 100보다 큰 경우 경제를 긍정적으로 보는 소비자가 부정적으로 보는 소비자보다 많다는 것을 의미한다. 지수가 100보다 작은 경우에는 그 반대를 뜻한다.

살펴보면 유용한 하위 지수

- 가계 지출, 국내 경제 등의 현재 혹은 6개월 후 전망
- 인플레이션 전망

01

온라인 쇼핑몰 거래액

Cyber Shopping Mall Transaction Amount

http://kostat.go.kr

통계청은 매월 약 1,000개 업체를 대상으로 온라인 쇼핑 동향을 조사해 발표한다. 이를 통해 인터넷 쇼핑몰의 거래 금액과 추이를 확인할 수 있다. 이 지표를 보면 산업 활동 동향을 파악할 수 있다. 또한 소비의 증

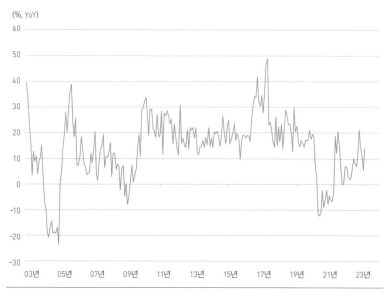

[그림155] 온라인 쇼핑몰 거래액 변화율

출처: refinitive, UPRISE

감을 통해 경기를 전망할 수 있다.

◯─ 살펴보면 유용한 하위 지수

- 쇼핑몰 종류별: 일반, 특화 쇼핑몰의 거래액

- 품목별: 여행 및 예약, 자동차 부품, 가전제품, 컴퓨터 및 컴퓨터 관련 기

기, 식음료 및 건강식품, 화장품 및 향수, 유아 및 아동, 스포츠 및 레저,

도서, 농어업 물품, 사무용품 및 문구, 기타 서비스의 거래액

02

소매 판매

Wholesale and Retail Trade

https://kosis.kr

소매 판매란 개인용 및 소비용 상품을 변형하지 않고 대중에게 재판매하는 산업 활동을 말한다. 여기에는 백화점, 점포, 노점, 배달, 통신에서의 판매가 포함된다. 그리고 사람들이 마트, 백화점, 편의점 등에서 얼마나 많이 쇼핑했는지 통계청에서 조사한 것이 소매 판매 지수다.

사람들이 마트나 백화점에서 쇼핑을 많이 하면 소매 판매 지수가 상승한다. 반대로 사람들이 허리띠를 졸라매고 지갑을 닫으면 소매 판매 지수가 하락한다.

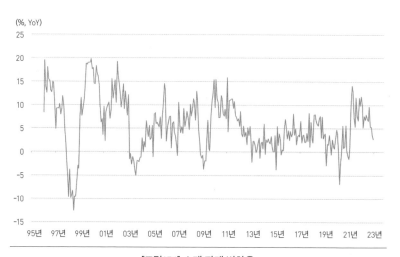

[그림156] 소매 판매 변화율

출처: refinitive, UPRISE

소매 판매 지수는 선진국형 구조로 전환하는 한국 경제의 미래를 예측하는 데 도움이 되는 지표다. 소매 판매가 늘면 기업에서는 제품을 더 많이 만들고 공장을 더 활발하게 가동하므로 경제가 더 좋아질 것이다. 반면 소매 판매가 줄어들면 마트나 백화점의 판매량이 줄어들어 공장의 기계도 돌아가지 않으니 경제가 나빠진다.

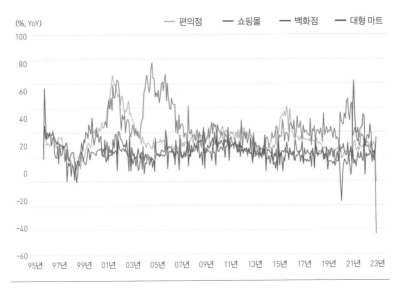

[그림157] 업태별 소매 판매 변화율

출처: refinitive, UPRISE

⊙━ 살펴보면 유용한 하위 지수

- 업태별 통계: 가게를 형태별로 분류해서 판매액을 집계한 지수. 백화점, 마트, 편의점 등에서 소비자가 얼마나 돈을 많이 썼는지 알려줌
- 상품군별 통계: 자동차, 화장품, 가전제품 등 품목을 세부적으로 나눠서 소비자의 씀씀이를 분석한 지수

아웃렛 판매

Store Sales, Discount Outlet

http://motie.go.kr

산업통상자원부는 매달 아웃렛의 평균 판매 금액과 방문객 수를 집계해 발표한다. 아웃렛 판매가 늘어나면 소비자들이 지갑을 연다는 뜻으로 경기가 살아나고 있다는 신호로 볼 수 있다. 반면 아웃렛 판매가 줄어들면 소비가 위축되고 경기 역시 수축하고 있다는 의미다. MZ세대

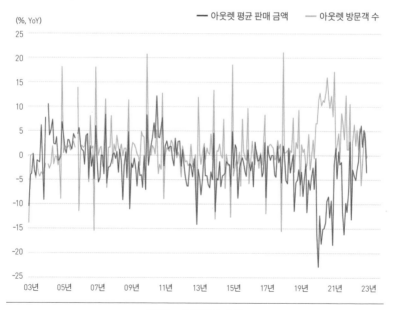

[그림158] 아웃렛 판매

출처: refinitive, UPRISE

276

의 새로운 소비 패턴 등장과 유통 기업의 대형 아웃렛 매장 진출 등이 맞물리면서 아웃렛 판매 지수는 괄목할 만한 성장세를 기록하고 있다.

⊙— **살펴보면 유용한 하위 지수**

- 평균 판매 금액, 방문객 수

- 백화점 판매

Chapter 24

소득

고용과 소득, 소비의 상관관계에 집중

실업률과 고용률, 월평균 소득 등 고용 관련 지표를 보면 가계의 소득이 얼마나 증감했는지를 알 수 있다. 소득이 늘면 소비도 증가한다. 그러면 기업 활동이 활발해지면서 경기도 호전된다. 이런 상관관계를 알고 지표를 살펴보면 경기를 예측할 수 있다.

01

총임금

Total Wages

http://www.moel.go.kr

고용노동부에서 한국 임금 근로자의 시간당 임금을 집계한 것으로 총임금은 가계 소비의 원천이다. 임금이 증가하면 소비가 늘어난다. 그 결과 공장이 많이 돌아가 경기가 살아난다. 반면 임금이 줄어들면 소비도 감소하므로 경기가 수축한다.

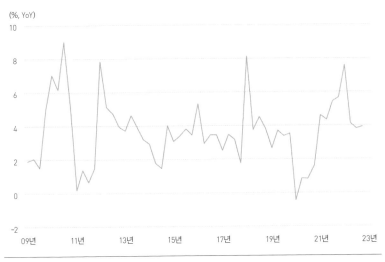

[그림159] 총임금 변화율

출처: refinitive, UPRISE

단위: (%, YoY), %p

	코로나19 이전	코로나19 이후	차이
광산업	3.3	4.4	1.0
제조업	4.0	4.9	0.9
전기, 가스, 수도 공급	2.3	2.1	-0.2
하수, 폐기물 처리	4.9	6.0	1.1
건설	4.8	2.9	-2.0
도소매	4.5	4.0	-0.5
교통	5.0	5.4	0.3
숙박 및 음식점업	4.1	3.4	-0.7
정보통신	3.5	3.8	0.2
금융, 보험	3.5	5.5	2.1
부동산, 임대, 리스	4.7	3.7	-1.0
전문, 과학, 기술 서비스	3.9	3.4	-0.4
건강, 사회복지	3.1	3.3	0.2
교육	2.0	-1.2	-3.1
비즈니스 시설 및 지원 서비스	2.4	1.4	-1.0
예체능	4.4	3.2	-1.2
협회 및 기타 개인 서비스	3.8	4.6	0.7

[표14] 코로나 이전과 이후 산업별 임금 변화율 평균 차이

출처: refinitive, UPRISE

 살펴보면 유용한 하위 지수

- 명목 전체 임금
- 산업별 임금

도시 가구 월평균 소득

All Households Urban Income

http://kostat.go.kr

통계청은 도시 근로자 가구당 월평균 소득을 집계해 발표한다. 이때 월평균 소득은 가구 소득의 실질적인 증가를 가져온 현금 및 현물의 수입을 말한다. 가구와 가구원이 근로의 대가로 받은 보수 일체, 자영으로 발생한 가계 전입 소득 및 사업 이윤과 부업 소득이 여기에 포함된다. 이자, 배당금, 임대료 등 재산적 수입, 이전 소득, 비경상 소득도 포함한다.

월평균 소득이 증가해 가계 수입이 늘면 경기가 확대되고 월평균 소득이 감소하면 경기가 수축한다고 판단할 수 있다.

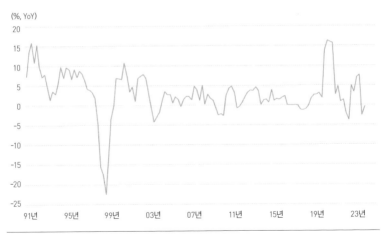

[그림160] 도시 가구 전체 실질 월평균 소득 변화율

출처: refinitive, UPRISE

— 직장 가구　— 기타 가구

[그림161] 직장 가구와 기타 가구 임금

출처: refinitive, UPRISE

 살펴보면 유용한 하위 지수

- 실질 도시 가구 전체 임금

- 직장 가구 임금, 기타 가구 임금

03

고용 지표

Workforce

http://kostat.go.kr

생산 가능 인구(만 15~64세) 중 얼마나 많은 사람이 실제로 취업해 있는지를 나타내는 지표로 노동시장의 현황을 핵심적으로 보여준다. 고용 지표가 좋아지면 경기가 활발해지고 고용 지표가 나빠지면 경기가 어려워진다고 분석할 수 있다.

예전에는 고용 관련 지표로 경제 활동 참가율을 중요시했다. 하지만 코로나19 위기를 겪으면서 실업자와 비경제 활동 인구의 구분이 모호해

[그림162] 취업자 수와 실업자 수

출처: refinitive, UPRISE

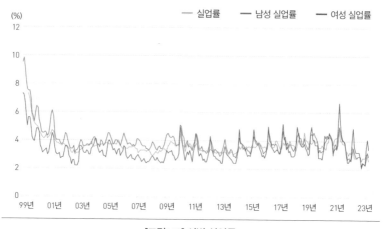

[그림163] 성별 실업률

출처: refinitive, UPRISE

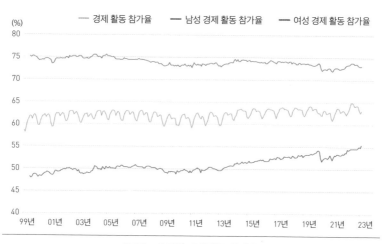

[그림164] 성별 경제 활동 참가율

출처: refinitive, UPRISE

져 지표가 내포한 의미를 다시금 점검할 필요가 생겼다. 이러한 연장선 상에서 최근 고용률을 보조 지표로 활용한다. 고용률이란 생산 가능 인 구 중 취업자의 비율로 경제 활동 인구와 비경제 활동 인구 등을 모두 포함하는 개념이다.

노동시장의 현황을 파악하기 위해 실업률을 보기도 한다. 그러나 한국은 고용시장 유연성이 낮고 실망 실업이나 구직 포기의 경우를 적절하게 반영하지 못한다는 한계가 있다.

단위: %

구분		취업자 비중
산업별	농수산임업	4.4
	제조, 철광업	16.0
	제조업	16.0
	건설업	7.4
	도소매, 숙박 및 식당	20.0
	전기, 교통, 통신, 금융	12.7
	비즈니스, 개인, 공공 서비스 및 기타	39.6
취업 형태별	정규직	57.4
	비정규직	15.9
	일용직	3.8
	자영업	20.0
	가족종사자	2.9

[표15] 2023년 3월 기준 산업별 취업자 비중

출처: refinitive, UPRISE

🔑 살펴보면 유용한 하위 지수

- 고용률, 산업별 고용률, 실업률

- 경제 활동 참가율

- 연령별, 성별 고용 지표

04

노동 생산성

Labour Productivity

http://www.kpc.or.kr

생산 과정에서 투입된 자본, 노동 등의 양과 생산량의 관계를 나타내
는 비율로 일반적으로 단위 노동 시간당 생산성을 의미한다. 쉽게 말해
한 노동자가 주어진 시간 동안 생산하는 재화와 서비스의 양이다. 노동
생산성은 국내에서 생산된 부가 가치의 총합인 GDP를 전체 고용자 수
로 나눠서 산출한다.

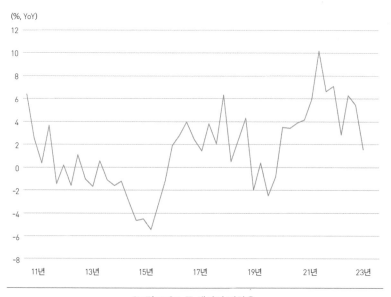

[그림165] 노동 생산성 변화율

출처: refinitive, UPRISE

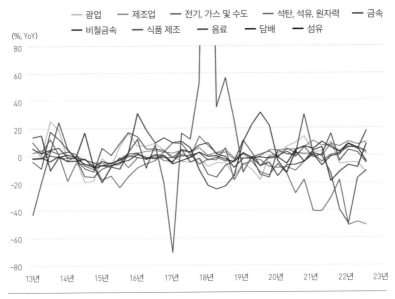

(%, YoY)

[그림166] 산업별 노동 생산성 변화율

출처: refinitive, UPRISE

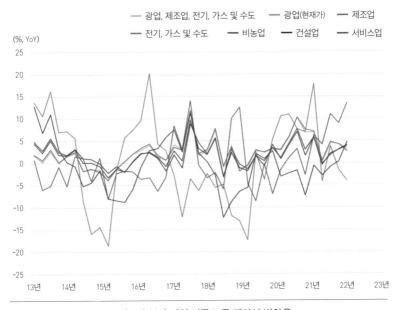

— 광업, 제조업, 전기, 가스 및 수도 — 광업(현재가) — 제조업
— 전기, 가스 및 수도 — 비농업 — 건설업 — 서비스업

(%, YoY)

[그림167] 부가 가치 기준 노동 생산성 변화율

출처: refinitive, UPRISE

생산 활동이 활발해지면 노동 생산성도 증가하므로 노동 생산성을 보면 생산 활동의 동향을 파악할 수 있다. 노동 생산성은 생산 과정의 효율성을 측정하므로 기업은 이를 성과 보수를 포함한 임금 책정에 참고할 수 있다.

○━ 살펴보면 유용한 하위 지수

- 산업별 노동 생산성
- 부가 가치 기준 노동 생산성: 노동 투입량 대비 부가 가치의 비율로 가치 창출 효과를 평가하는 데 효과적인 지수

단위 노동 비용

Labour Cost

http://www.kpc.or.kr

　농업 분야를 제외하고 기업의 시간당 명목 임금을 실질 노동 생산성으로 나눠 계산한 것으로 상품 하나를 만드는 데 필요한 인건비를 뜻한다.

　기업 입장에서는 단위 노동 비용이 하락하면 적은 비용으로 많은 상품을 만들 수 있으므로 좋다. 반대로 근로자 입장에서는 단위 노동 비용이 상승하면 같은 양의 일을 하고도 많은 임금을 받게 되기 때문에 좋다.

　국가 전체로 보면 단위 노동 비용은 소비자 인플레이션의 선행 지표다. 근로자의 수입이 늘면 이들이 소비도 더 많이 해서 경기가 활성화되기 때문이다. 단위 노동 비용의 증가는 보통 인플레이션을 의미한다.

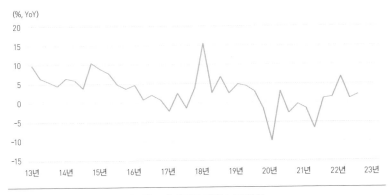

[그림168] 제조업 단위 노동 비용

출처: refinitive, UPRISE

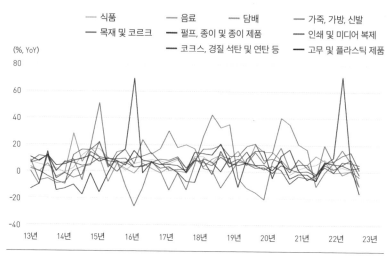

[그림169] 산업별 단위 노동 비용 변화율 1

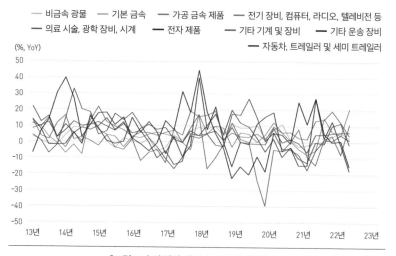

[그림170] 산업별 단위 노동 비용 변화율 2

출처: refinitive, UPRISE

○━ 살펴보면 유용한 하위 지수

• 산업별 단위 노동 비용

가계 신용

Consumer Credit, Loans to Households

http://www.bok.or.kr

일반적으로 가계가 은행 등 금융 기관에서 받은 대출이나 외상으로 물품을 구입한 대금 등을 합한 지표다. 가계 신용은 가계 대출과 판매 신용으로 구분되는데 가계 대출은 순수 가계의 금융 기관 대출을 의미한다. 판매 신용은 물품의 판매자 혹은 생산자나 서비스 제공자가 제공하는 외상, 즉 신용 거래를 포함한다.

가계 신용을 보면 가계 부채 수준을 파악할 수 있다. 가계 부채가 높아지면 소비가 줄어들기 때문에 향후 소비 지수에 선행하는 지표다. 가계

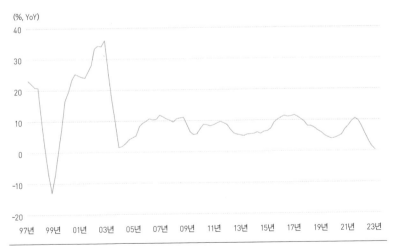

[그림171] 가계 신용 변화율

출처: refinitive, UPRISE

신용이 높다는 것은 가계가 금융 기관에서 대출을 많이 했다는 뜻이므로 금융 기관의 건전성을 추정할 수 있다.

단위: 10억 원, (비중, %)

가계 대출		1,749,291.6	
예금 취급 기관		1,248,001.1	71.3
	예금 은행	902,574.8	51.6
	비은행 예금 취급 기관	345,426.3	19.7
	상호 저축 은행	40,204.6	2.3
	신용 협동 조합	37,916.9	2.2
	상호 금융	198,045.7	11.3
	새마을금고	67,505.5	3.9
	우체국 등	1,753.7	0.1
기타 금융 기관		501,290.5	28.7
	보험 회사	128,858.7	7.4
	연금 기금	20,596.2	1.2
	여신 전문 기관	73,621.4	4.2
	공적 금융 기관	54,902.8	3.1
	기타 금융 중개 회사	212,129.8	12.1
	기타	11,181.6	0.6

[표16] 가계 대출의 기관별 금액과 비중

출처: refinitive, UPRISE

Chapter 25

부동산

가계 자산 포트폴리오에서 큰 비중을 차지

부동산은 한국 가계 자산 포트폴리오에서 64.6%를 차지하는 중요 자산이다. 따라서 우리 경제에서도 중요한 위치를 차지한다. 부동산은 소비와 투자인 내수 성장에 절반 이상 기여하고 있다.

한국 가계는 근로 소득이 생활 소비를 결정하지만 투자는 부동산 경기와 연관이 깊다. 부동산은 자산 효과로 가계의 소비 향방은 물론 가계의 신용 위험까지 결정한다. 부동산 가격이 오른다는 것은 유동성이 풀렸다는 것을 의미하기 때문에 부동산 관련 지표는 인플레이션을 예측하는 데 활용된다.

한국 가계의
포트폴리오 다변화가 시급하다

한국 가계는 부동산 자산에 편중된 포트폴리오 구조를 가지고 있다. 주요 4개국(미국, 일본, 영국, 호주)의 가계 자산과 비교하면 한국 가계의 금융 자산 비중은 35.6%로 가장 낮은 반면 부동산을 포함한 비금융 자산 비중은 64.4%로 가장 높다.

코로나19 위기를 극복하는 과정에서 대규모 유동성이 글로벌 자산시장에 공급되었다. 이로 인해 주요국의 부동산 가격이 상승하면서 가계 포트폴리오에서 비금융 자산 비중이 전반적으로 상승했다. 코로나 위기 직전에 비해 한국은 0.8%p, 미국은 1.0%p, 영국과 호주는 각각 1.6%p, 2.8%p 상승했다.

한편 코로나19 위기를 겪은 직후부터 2021년 말까지 글로벌 주식시장이 큰 폭으로 상승했다. 한국에서는 '동학 개미', '서학 개미'라는 말이 유행할 정도로 개인 투자자들의 주식 투자 열풍이 이어졌다. 그럼에도

단위: %

	미국	일본	영국	호주	한국
금융 자산	71.5	63.0	53.8	38.8	35.6
비금융 자산	28.5	37.0	46.2	61.2	64.4

[표17] 2021년 말 기준 주요국 가계 자산 포트폴리오 구조

출처: OECD, UPRISE

여전히 한국의 가계 자산 중 금융 자산 비중은 주요 국가들에 비해 낮은 수준이다. 2021년 말 기준으로 9.0%로 41.5%를 차지하는 미국에 비하면 크게 차이가 나고 비교적 비슷한 일본도 9.4%를 기록했다. 더구나 한국 가계 금융 자산의 대부분은 현금과 예금 등 비투자 상품 위주로 구성되어 있다.

장기적으로 생각하면 우리나라 가계도 현재의 구조에서 벗어나 자산 비율을 안정적으로 구성할 필요가 있다. 부동산에 편중된 비금융 자산 비중을 낮추고 금융 투자 상품과 퇴직 연금 등의 비중을 확대해야 한다. 이를 위해 최근 도입된 퇴직 연금 디폴트 옵션 제도 등을 적극적으로 활용하면 좋을 것이다.

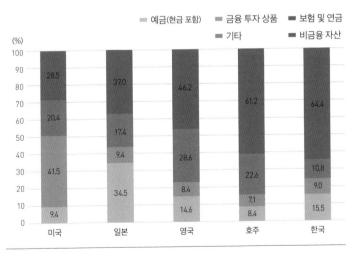

[그림172] 2021년 말 기준 주요국 가계 자산 포트폴리오 비중

출처: IMF, OECD, UPRISE

01

KB부동산 시장 심리 지수

KB house Market Sentiment Index

https://data.kbland.kr/share/kbstats/psychology-of-housing-market

KB부동산은 KB국민은행에서 만든 부동산 플랫폼으로, KB부동산 시장 심리 지수는 매수 우위 지수, 전세 수급 지수, 매매 및 전세 거래 활발 지수 등 부동산시장에 관한 다양한 통계를 발표한다.

그중 매수 우위 지수는 표본 중개업소를 대상으로 설문 조사를 진행

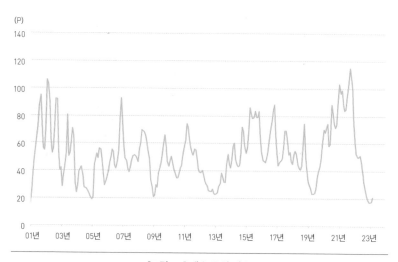

[그림173] 매수 우위 지수

출처: refinitive, UPRISE

해 집계한 통계 자료다. 매주 발표하며 매수자 많음, 비슷함, 매도자 많음 중 하나를 선택하는 방식으로 진행한다.

매수 우위 지수는 "100+'매수자 많음' 답변 비중-'매도자 많음' 답변 비중"으로 구하며 이 지수가 기준인 100을 초과하면 매수자가 많다는 뜻이고 100 미만이면 매도자가 많다는 뜻이다.

> **○━ 살펴보면 유용한 하위 지수**
>
> - 지역별 부동산 매수 우위 지수
> - 지역별 부동산 매도 우위 지수
> - 소득 대비 주택 가격
> - 주간 아파트 매매 가격 지수

01

건설 수주

Kores Construction New Order

http://kostat.go.kr

건설 경기를 파악하는 데 사용하는 지표로 하드 데이터지만 선행성을 가지고 있다. 건설 수주란 건설업체가 발주자가 제시한 건설 공사물을 완공하겠다는 계약을 말한다. 이때 계약 총금액이 건설 수주액이다. 건설업체는 계약 후 착공과 준공으로 기성금 등 사전에 계약한 돈을 추가로 수취하는데 건설 수주 규모로 건설 기성을 예측할 수 있다.

건설 기성은 건설 경기의 대표적인 동행 지표로 특정 시점까지의 시공 실적을 말한다. 건설업체가 공정률에 따라 기간별로 분할 수취하는 공사비, 즉 건설 기성액은 건설업체들이 실제 공사 행위를 통해 수취하는 자금이다. 건설 기성 규모를 살펴보면 일정 기간 행해진 건설 활동의 규모를 파악할 수 있다.

건설 수주와 건설 기성은 건축 외에 토목, 산업 설비 등 부문별, 분야별 지표를 포함하고 있어 건설 경기 전반을 파악하는 데 유용한 지표다. 다만 건설 기성은 착공 후 수개월 또는 수년에 걸쳐 일어난다는 점을 유의할 필요가 있다.

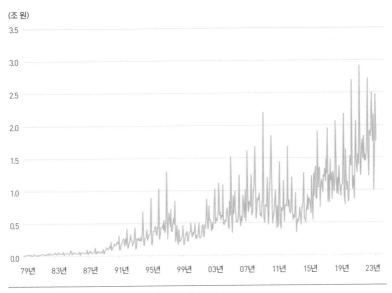

(조 원)

[그림174] 건설 수주

출처: refinitive, UPRISE

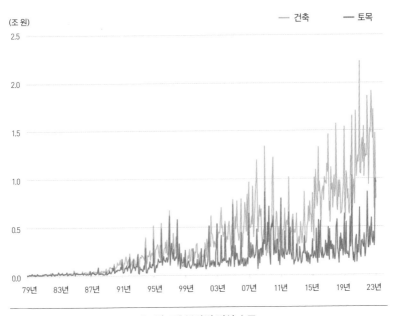

(조 원)

—— 건축　　—— 토목

[그림175] 분야별 건설 수주

출처: refinitive, UPRISE

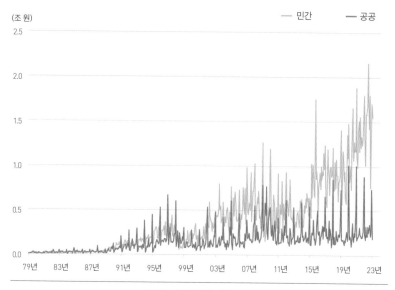

(조 원)
—— 민간   —— 공공

[그림176] 부문별 건설 수주

출처: refinitive, UPRISE

○— 살펴보면 유용한 하위 지수

- 분야별: 건축, 토목 건설 수주

- 부문별: 민간, 공공 건설 수주

02

건축 허가 및 착공

Building Permits and Commencement

http://stat.molit.go.kr

국토교통부에서 발표하는 건축 허가를 받았거나 이미 착공한 건축물의 통계다. 건축 허가는 건설 경기를 가늠할 수 있는 선행 지표고 건축 착공은 동행 지표다. 단, 건축 허가와 착공은 건설 경기의 일부분인 건축 시장만을 설명한다.

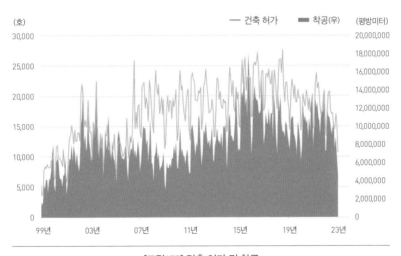

[그림177] 건축 허가 및 착공

출처: refinitive, UPRISE

 **살펴보면 유용한 하위 지수**

• 용도별 허가 및 착공

03

미분양

Unsold House

http://stat.molit.go.kr

　국토교통부에서 매월 발표하는 통계로 전국 및 지역별 주택 현황을 파악한 자료다. 사업 계획 승인(건축 허가 포함)을 받아 건설 중이거나 건설된 전국의 민간 미분양 주택을 대상으로 하며 준공 전과 준공 후를 모두 포함한다. 주택 공급을 전망할 수 있는 지표로 부동산 경기 둔화 신호를 파악하는 데 주로 활용된다.

[그림178] 미분양과 준공 후 미분양

출처: refinitive, UPRISE

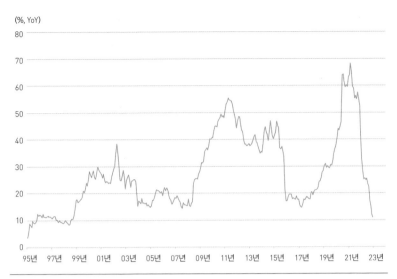

(%, YoY)

[그림179] 미분양 중 준공 후 미분양 변화율

출처: refinitive, UPRISE

살펴보면 유용한 하위 지수

- 지역별 미분양

- 준공 후 미분양

04

KB 주택 가격 지수

Housing Prices Index
https://omoney.kbstar.com

KB국민은행에서 월간 단위로 모든 주택 형태의 매매, 전월세 가격을 집계해 발표하는 통계다. 이때 아파트는 주간 단위로 집계한다. 조사 지역은 서울특별시와 6개 광역시, 1개 특별자치시, 57개 시다.

주택 가격 지수를 통해 주택 매매 및 전월세 가격과 주택 거래 동향을 볼 수 있고 변동 요인도 파악할 수 있다. 주택시장 동향을 파악, 분석하는 지표로 활용된다.

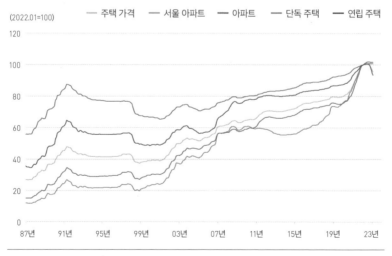

[그림180] 용도별 KB 주택 가격 지수

출처: refinitive, UPRISE

304

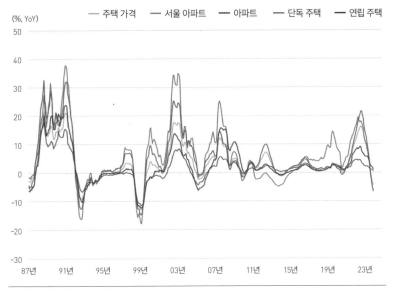

(%, YoY) — 주택 가격 — 서울 아파트 — 아파트 — 단독 주택 — 연립 주택

[그림181] 용도별 KB 주택 가격 지수 변화율

출처: refinitive, UPRISE

살펴보면 유용한 하위 지수

- 지역별 매매 가격

- 용도별 매매 가격

05

토지 가격

Land Prices

http://world.lh.or.kr

한국토지주택공사$_{LH}$에서 토지 가격의 변동을 기록해 발표하는 자료다. 토지 가격 변동률과 전년 동기 대비 증감을 통해 부동산시장을 전망할 수 있다. 부동산개발업을 할 때 기본이 되는 지표다.

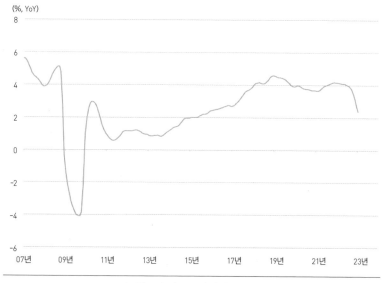

[그림182] 전국 토지 가격 변화율

출처: refinitive, UPRISE

(%, YoY)

— 대도시   — 모든 도시

[그림183] 대도시와 모든 도시의 토지 가격 변화율

출처: refinitive, UPRISE

 살펴보면 유용한 하위 지수

• 시도별 토지 가격

06

국토교통부 실거래가

Real Transaction Price

https://rt.molit.go.kr/

　국토교통부에서 제공하는 전국 부동산 실거래가 자료로 면적별, 용도별, 시도별, 금액별 거래일 기준 매매가를 알아볼 수 있다. 부동산 거래 신고 및 주택 거래 신고를 한 주택(아파트, 연립·다세대, 단독·다가구), 오피스텔, 토지, 상업·업무용, 공장·창고 등 부동산 및 2007년 6월 이후 체결된 아파트 분양·입주권을 대상으로 한다. 실시간으로 자료를 취합해 익일 공개하며 부동산 거래 가격 및 거래 동향을 빠르게 파악할 수 있다.

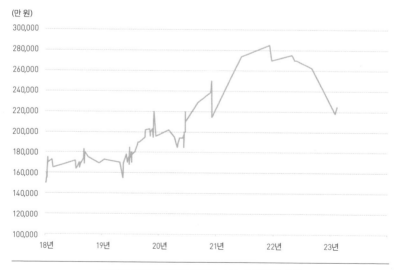

[그림184] 잠실 레이크 펠리스 114m² 매매가 추이

출처: 국토교통부, UPRISE

- 부동산 용도별: 주택(아파트, 연립 및 다세대, 단독 및 다가구), 오피스텔, 상업 및 업무용, 공장 및 창고 등 부동산, 2007년 6월 20일 이후 체결된 아파트 분양 및 입주권의 실거래가

Chapter 26

기업 활동

수출에 주력하는 한국 기업들은 세계 경제의 영향을 많이 받을 수밖에 없다. 세계 경제가 좋아지면 기업의 투자가 늘어나고 나빠지면 기업의 투자가 위축된다. 기업 투자는 다시 내수 경기에 영향을 미친다. 즉, 기업 투자는 경기의 선행 지표다. 기업 투자 관련 경제지표를 보면 경기 동향을 파악할 수 있다.

01

기업 경기 실사 지수

BOK Business Surveys

http://www.bok.or.kr

한국은행에서 매월 말 발표하는 지표로 기업가들을 대상으로 현재 경기 수준에 대한 판단과 전망 등을 설문 조사해 산출한다. 전반적인 경기 동향을 파악할 수 있으며 기업의 경영 계획 및 경제 정책을 수립하는 기초 자료로 활용된다. 설문 조사는 연간 매출액 30억 원 이상의 전국

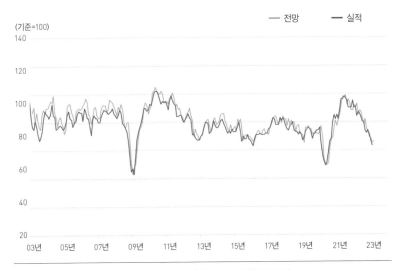

[그림185] 기업 경기 실사 지수 전망과 실적

출처: refinitive, UPRISE

2,929개 업체를 대상으로 이루어진다.

OECD의 기업 경기 조사 통일 기준에 의거해 긍정, 보통, 부정의 3점 척도를 사용하며 긍정적인 응답과 부정적인 응답 비중의 차이로 산출한다. 0~200의 값 중에서 100을 넘어서면 긍정적으로 응답한 업체 수가 부정적으로 응답한 업체 수보다 많다는 의미다.

○━ 살펴보면 유용한 하위 지수

- 제조업: 한국 표준산업분류에 의한 21개 중분류 업종
- 비제조업: 금융, 보건업 등 일부 서비스 업종을 제외한 11개 대분류 업종
- 전망, 실적

KERI 기업 경기 실사 지수

KERI Business Survey Index

http://www.fki.or.kr

전국경제인연합회 한국경제연구원KERI, Korea Economic Research Institute에서 금융업을 제외한 업종별 매출액 600대 기업을 대상으로 경기 동향과 전망을 조사해 산출한 지수다. 응답 기업 담당자의 자기 기술과 조사원의 질의 기술을 병행하며 부문별, 업종별로 기업 경기 실사 지수를 산출한다. 기준치인 100보다 높은 경우 기업 경기를 긍정적으로, 100보다 낮은 경우 기업 경기를 부정적으로 전망한다고 판단한다.

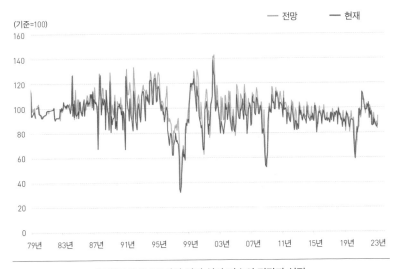

[그림186] KERI 기업 경기 실사 지수의 전망과 실적

출처: refinitive, UPRISE

- 전망, 실적

- 세부 항목: 사업 경기, 국내 소비, 수출, 투자, 금융 환경, 재고, 고용시장,

  채산성 등

03

한국 S&P 글로벌 PMI 제조업 지수

S&P Global, South Korea Purchasing Managers Index

https://www.markiteconomics.com/Public/Home/

제조업과 서비스업 이렇게 2가지로 구분되는 지수로, S&P가 매달 약 400개 제조업체 구매 관리자를 대상으로 한 설문 조사를 바탕으로 산정한다. 응답자들은 세부 업계, 기업 규모, GDP 기여도를 기준으로 계층화된다.

PMI 지수는 50을 기준으로 50 아래로 떨어지면 업황이 위축되었다는 뜻이고 50을 넘으면 업황이 확장되었다는 뜻이다. 10개 세부 항목으로 구성하고 있지만 주요 항목인 신규 주문(30%), 생산(25%), 고용(20%), 공급업체 배송 시간(15%), 구매 재고(10%)를 가중 평균하여 총지수를 산출한다(괄호 안 비율은 가중치).

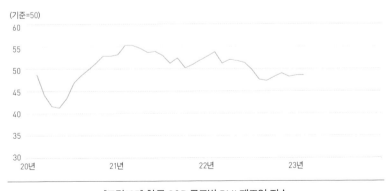

[그림187] 한국 S&P 글로벌 PMI 제조업 지수

출처: refinitive, UPRISE

04

경기 종합 지수

Composite Index

http://kostat.go.kr

통계청에서 매월 말일 산업 생산 지수와 동시에 발표한다. 생산, 투자, 소비, 고용, 금융, 무역 등 각 부문의 경제지표 중 경기를 가장 잘 반영하는 주요 지표를 선정해 이들의 움직임을 종합한 지수다. 경기 종합 지수에 따라 전체 경기의 방향, 국면, 전환점을 판단하고 예측할 수 있다.

하위 지수로는 선행 지수, 동행 지수, 후행 지수가 있다. 선행 지수는

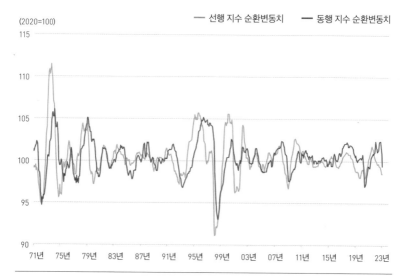

[그림188] 경기 종합 지수 중 선행 지수와 동행 지수의 순환변동치

출처: refinitive, UPRISE

316

비교적 가까운 장래의 경기 동향을 예측하는 데 활용되며 동행 지수는 현재의 경기 상태를 판단하는 데, 후행 지수는 경기 변동을 사후에 확인하는 데 활용된다.

○— 살펴보면 유용한 하위 지수

- 선행 지수(7개): 재고 순환 지표, 경제 심리 지수, 기계류 내수 출하 지수, 건설 수주액, 수출입 물가 비율, 코스피 지수, 장단기 금리차
- 동행 지수(7개): 광공업 생산 지수, 서비스업 생산 지수, 건설 기성액, 소매 판매액 지수, 내수 출하 지수, 수입액, 비농림어업 취업자 수
- 후행 지수(5개): 생산자 제품 재고 지수, 소비자 물가 지수, 소비재 수입액, 취업자 수, 회사채 유통 수익률
- 동행 지수 순환변동치: 동행 지수에서 추세 변동분을 제거한 지표로 현재 경기 국면 및 전환점 파악에 이용
- 선행 지수 순환변동치: 선행 지수에서 추세 변동분을 제거한 지표로 향후 경기 국면 및 전환점 단기 예측에 이용

01
산업 생산
Industrial Production
http://kostat.go.kr

　광업, 제조업, 전기가스업 부문의 생산, 재고량의 월별 변동 추이를 지수화해 매월 발표한다. 월간 경기 동향 분석, GNP 추계, 노동 생산성 측정 등의 기초 자료로 이용한다. 품목별 생산, 출하, 재고 실적은 주요 물자 수급 및 전망에 관한 기초 자료로 활용한다. 조사 대상 품목 수는

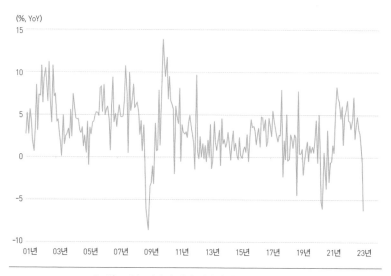

[그림189] 농림어업 제외 전산업 산업 생산 변화율

출처: refinitive, UPRISE

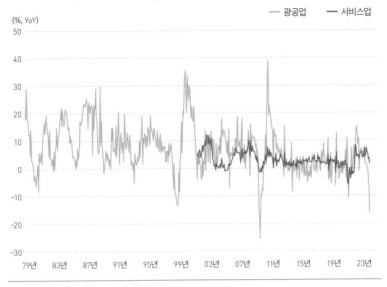

(%, YoY)

─ 광공업　── 서비스업

[그림190] 분야별 산업 생산 변화율

출처: refinitive, UPRISE

647개이며, 조사 범위는 한국표준산업분류에 의한 광업, 제조업, 전기가

스업이고, 조사 대상처는 약 8,400개 사업체다.

　전체 경기의 흐름과 거의 유사하게 움직이는 대표적인 경기 동행 지표

로, 생산 활동의 수준을 파악할 때 GDP와 함께 핵심 지표로 사용한다.

◯━ 살펴보면 유용한 하위 지수

　• 산업별: 전산업, 제조업, 건설업 등 각 산업의 산업 생산

한국철강협회 철강 생산

Crude Steel Total

http://kosa.or.kr

한국철강협회에서 한국 철강업의 생산량을 산출한 것으로, 철강업의 업황을 파악하는 지표로 쓰인다. 철강 생산은 한국 주요 산업에 영향을 주므로 이를 통해 경기를 예측할 수 있다.

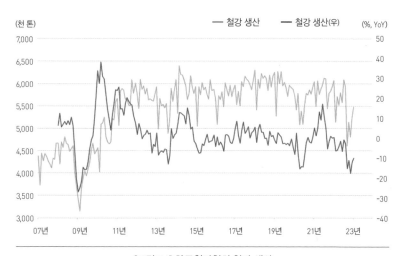

[그림191] 한국철강협회 철강 생산

출처: refinitive, UPRISE

살펴보면 유용한 하위 지수

- 종류별: 강판, 전기아크로 등의 생산량

03

자동차 등록 대수

Motor Vehicles Registered

http://stat.molit.go.kr

국토교통부에서 매월 지역별로 등록된 각종 차량을 조사해 발표하는 자료다. 시·도별로 등록된 자동차의 제반 사항을 파악해 교통 행정의 기초 자료로 활용한다. 경제면에서는 이를 통해 경기 호황과 인플레이션을 예측해볼 수 있다.

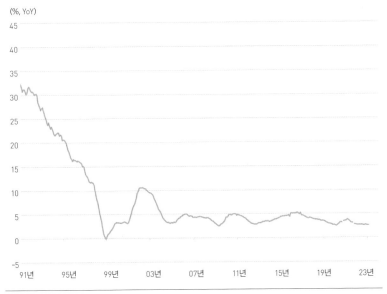

[그림192] 자동차 등록 대수 변화율

출처: refinitive, UPRISE

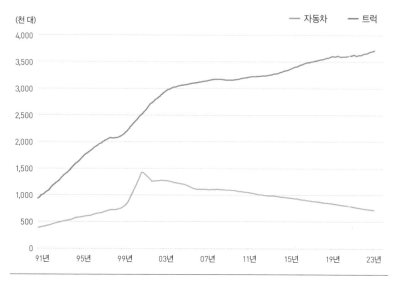

[그림193] 차량별 등록 대수

출처: refinitive, UPRISE

 살펴보면 유용한 하위 지수

- 차량별: 승용차, 버스, 트럭 등의 등록 대수

04

부도율

Korea Bankruptcies

http://www.bok.or.kr

한국은행이 매월 부도 업체 수와 어음 부도율을 집계해 발표하는 자료다. 어음 부도율이란 일정 기간 어음 결제소에서 거래된 총교환 금액 중 잔고 부족으로 부도가 난 어음 부도액의 비율이다.

부도율이 높아진다는 것은 경제가 어려워진다는 뜻이며 일정 수준(임계치)을 넘으면 경기 침체 발생 확률이 높다. 반면 부도율이 낮으면 경기가 확대된다고 볼 수 있다.

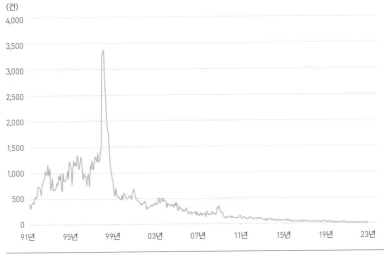

[그림194] 부도 건수

출처: refinitive, UPRISE

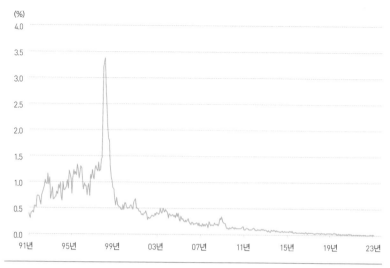

[그림195] 서울 어음 부도율

출처: refinitive, UPRISE

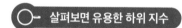 살펴보면 유용한 하위 지수

- 회사 부도 건수

- 지역별 어음 부도율

05

전력 소비량

Electric Power Consumption

http://www.kepco.co.kr

한국전력공사에서 산업별, 업권별, 시간별 전력 소비량을 집계해 발표하는 자료다. 전력과 사용 기간을 곱해서 단위 시간당으로 산출한 것이다. 기업의 전력 소비량이 늘었다는 것은 공장이 많이 돌아간다는 뜻이므로 경기를 긍정적으로 판단할 수 있다.

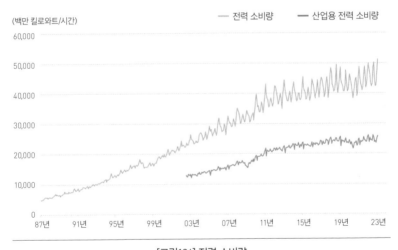

[그림196] 전력 소비량

출처: refinitive, UPRISE

살펴보면 유용한 하위 지수

• 산업별, 업권별, 시간별 전력 소비량

06

석유 제품 소비 현황

Oil Products Consumption

http://www.knoc.co.kr

한국석유공사에서 국내 석유 제품의 제품별 소비량을 집계해 발표하는 자료다. 한국은 석유 제품을 수입에 의존하는 동시에 매우 많이 소비하는 나라다. 석유는 주력 에너지로 산업 생산, 교통 운송, 가정용 에너지 등에 사용되므로 석유 제품 소비량은 경제와 밀접한 연관이 있다. 석유 소비가 늘면 경기가 확대되는 것으로 판단할 수 있다. 다만 최근 선진국에서는 환경 규제로 석유 제품의 소비를 줄이려고 노력하고 있다.

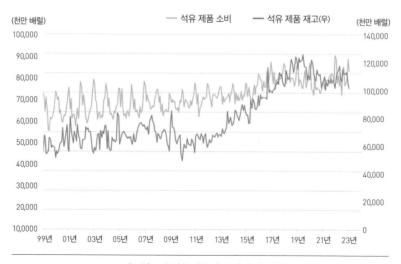

[그림197] 석유 제품의 소비와 재고

출처: refinitive, UPRISE

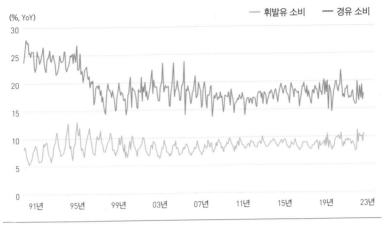

[그림198] 휘발유와 경유 제품 소비 변화율

출처: refinitive, UPRISE

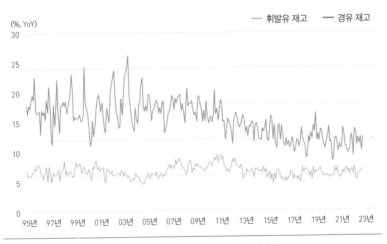

[그림199] 휘발유와 경유 제품 재고 변화율

출처: refinitive, UPRISE

○━ **살펴보면 유용한 하위 지수**

- 종류별 소비량: 휘발유, 등유, 경유, 경질중유, 벙커C, 납사, 용제, 항공유,

  LPG, 아스팔트, 윤활유, 부생연료유, 기타 제품의 소비량

- 석유 제품 재고 현황

07

GDP

Gross Domestic Production

http://www.bok.or.kr

GDP는 한 나라의 가계, 기업, 정부 등 모든 경제 주체가 일정 기간에 새로 생산한 재화 및 서비스의 가치를 금액으로 평가하여 합산한 통계다. 이를 통해 한 나라의 경제 상황을 종합적으로 파악할 수 있다. 가격의 적용 방법에 따라 명목 GDP와 실질 GDP로 구분된다.

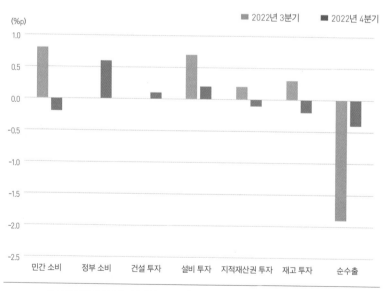

[그림200] 2022년 3분기와 2022년 4분기 GDP 성장 기여도 비율 변화

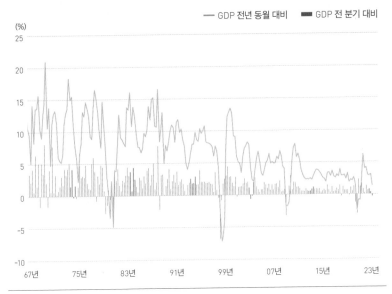

출처: refinitive, UPRISE

[그림201] GDP 변화율

○─ **살펴보면 유용한 하위 지수**

- 명목 GDP: 국가 경제의 구모, 구조 등을 파악하는 데 사용

- 실질 GDP: 경제 성장, 경기 변동 등 전반적인 경제 활동의 흐름을 분석

  하는 데 사용

- 지출별, 지역별, 산업별 생산

- 지출별, 지역별, 산업별 기여도

나라마다 GDP 발표 방법이 다르다?

한국은행은 실질 분기 GDP 발표의 적시성을 높이기 위해 꾸준히 노력하고 있다. 2001년부터 분기 GDP 속보치를 도입했고 2005년 2분기부터는 분기 종료 후 25일경 분기 실질 GDP를 공표하기 시작했다.

분기 GDP를 적시성 있게 발표하기 위한 고민은 글로벌 트렌드다. 주요 선진국들은 추정치 성격의 속보치를 먼저 발표하고 일정 기간이 경과한 다음 잠정치를 발표한다. 이는 속보성을 높인 GDP 속보치의 불안정성을 뒤이어 발표하는 잠정치를 통해 보완하려는 것이다.

주요국마다 분기 GDP의 발표 형태는 상이하다. 미국과 일본은 지출 측면만 발표하는 반면 영국과 중국은 생산 측면만을 발표한다. 독일, 프랑스 등 유로존 국가들은 GDP 총량과 성장률만을 공표한다.

분기 GDP 속보치와 잠정치의 편제 방법은 대부분의 국가가 해당 분기의 2개월 실적 자료를 사용하고 분기 말월의 자료는 통계적 모형을 통해 추정한다.

한편 속보치와 잠정치의 추계 방법은 가능한 동일한 방법을 사용한다. 일례로 생산 측면의 추계는 397부문으로 실질 부가 가치를 추계하며, 지출 측면의 추계는 재화흐름법을 이용한다.

GDP 금액 기준으로 속보치에 활용되는 기초 자료들은 잠정치의 약

80%에 해당한다. 따라서 분기 마지막 월의 수치를 정확하게 추정하는 것이 분기 GDP 속보치 추정에 매우 큰 영향을 미친다.

단위: 일

	속보치	잠정치	확정치
미국	30	60	90
일본	45	70	
영국	25	55	85
독일	45	55	
프랑스	42	50	90
중국	15		

[표18] 주요국의 분기 GDP 발표 시기

출처: 한국은행, UPRISE

Chapter 27

정부

양호한 재정 건전성을 바탕으로 확대 재정 정책 기대

정부는 재정 정책을 통해 물가 안정을 도모하고 경기를 조절한다. 더욱이 한국 정부는 코로나19 위기를 극복하는 과정에서 과감하고 적시성 높은 재정 정책이 중요하다는 것을 깨달았다. 경기가 과열되거나 침체된 경우 정부 지출이나 조세를 변화시켜 총수요에 영향을 주고 이로써 경기를 조절하는 것이다. 재정 정책의 결정 방향을 살펴보면 경기를 예측할 수 있다.

01

정부 부채

General Government External Debt

http://www.bok.or.kr

한국은행은 매년 정부 부채를 산출하는데 정부 부채는 한 국가의 재정 건전성을 보여준다. 정부가 세금보다 더 많은 금액을 지출하면 재정 적자가 발생한다. 이때 부족한 재원을 조달하기 위해 자금을 차입하면 이것이 정부 부채로 이어진다.

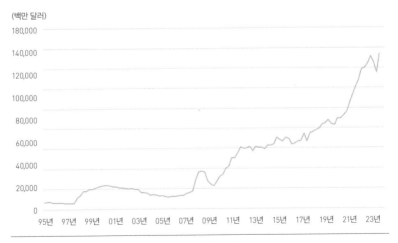

[그림202] 정부 부채

출처: refinitive, UPRISE

02

중앙 정부 순대출

Central Government Net Lending

http://www.bok.or.kr

한국은행은 매년 1월 말 중앙 정부 순대출(해외 투자) 금액을 발표한
다. 순대출이 늘어난 것은 금융 자산이 늘어난 것으로 본다.

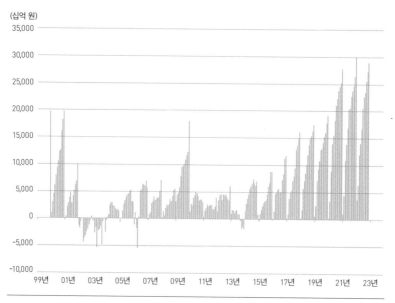

[그림203] 중앙 정부 순대출

출처: refinitive, UPRISE

정부 재정수지

Central Government Balance

http://www.bok.or.kr

한국은행은 매년 1월 말 정부 재정수지를 발표한다. 재정수지란 정부의 수입과 지출의 차이를 말한다. 재정수지 지표가 나빠졌다는 것은 한국의 재정 건전성이 악화되었다는 의미다.

[그림204] 정부 재정수지

출처: refinitive, UPRISE

한국 재정수지에
들어온 경고등

'구조적 재정수지'라는 개념이 있다. 일반적인 재정수지에서 경기 변동에 따른 정부의 수입 및 지출 변화를 제거한 것이다. 경기가 안 좋을 때는 세수가 줄고 실업 수당 지출은 증가하여 통화 재정수지가 나빠진다. 구조적 재정수지는 이러한 변화를 제외하고 재정이 흑자인지 적자인지를 보여준다.

2021년 말 기준 한국의 구조적 재정수지는 잠재 GDP 대비 0.9%를 기록했다. 세입과 세출 구조만 놓고 보면 여전히 정부가 흑자 재정을 운영하고 있다는 것이다. 구조적 재정수지 수준 자체는 OECD 국가들 중에서 양호한 편이라고 할 수 있다.

하지만 우리나라의 재정수지에도 경고등이 들어왔다. 미·중 무역분쟁이 발발한 2018년을 기점으로 한국의 구조적 재정수지는 OECD 회원국 중에서도 빠르게 감소하고 있다. 특히 코로나19 위기를 겪으면서 기초 연금 등 정부의 재량적 지출이 증가했다. 만성 재정 적자로 골머리를 앓는 다른 국가들의 사례를 떠올려볼 때, 적기를 놓치면 우리나라의 재정도 구조적 적자에 빠질 개연성이 있다. 건전성 관리가 시급한 상황이다.

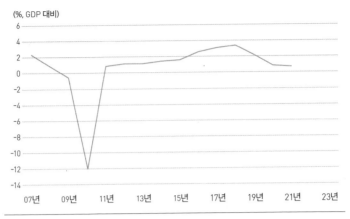

(%, GDP 대비)

[그림205] 한국의 구조적 재정수지 추이

출처: OECD, UPRISE

Chapter 28

대외 부문

수출입과 해외 투자 동향

무역 의존도가 높은 한국 경제에서는 꼭 수출입과 해외 투자의 동향을 살펴봐야 한다. 비기축 통화 국가라는 상황과 에너지 수입 의존도가 높다는 특성을 고려했을 때 수입 비중이 커지면 국내 생산이나 소비가 위축될 수 있다. 반면 수출 비중이 커지면 경기가 활성화된다. 대외 부문 관련 지표를 보면 산업 활동을 파악하고 경제를 전망할 수 있다.

01

한반도 지정학적 위험 지수

Geopolitical Risk

http://www.policyuncertainty.com/

한반도의 지정학적 리스크가 금융시장에 미치는 영향을 조사하는 지수다. 챕터 10에서 살펴본 경제 불확실성 지수의 구성 방법을 따른다. 산출 방법은 우선 한국 18개 언론에 게재된 기사 중 '북한'이 포함된 기사를 식별한다. 그중 군사적 긴장, 제재의 언급 빈도와 회담 및 합의, 경제 협력의 언급 빈도를 계산해 표준화한다. 지수가 높아질수록 개인과 기업의 투자 수익률에 부정적인 영향을 끼친다고 볼 수 있다.

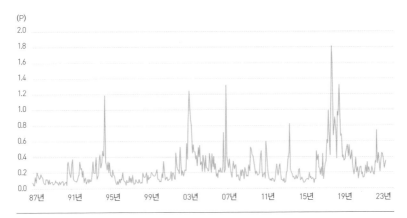

[그림206] 한반도 지정학적 위험 지수

출처: refinitive, UPRISE

02

시티 교역 조건 지수

CITI Terms of Trade Index

http://www.citigroup.com/citi/

시티그룹에서 발표하는 교역 조건 지수로 한 국가의 수출 상품과 수입 상품의 교환 비율을 의미한다.

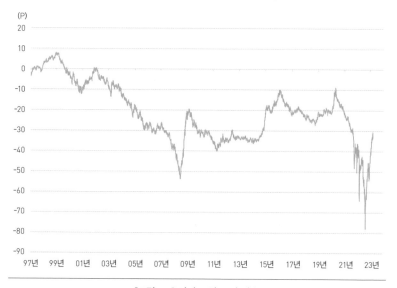

[그림207] 시티 교역 조건 지수

출처: refinitive, UPRISE

03

수출 산업 경기 전망 지수

Export Business Survey Index

https://kosis.kr/

한국무역협회에서 분기별로 조사해 발표하는 수출 산업의 전망에 관한 지표다. 한국무역협회 회원사 중 전년도 수출 실적이 50만 달러 이상인 사업체 2,000개를 대상으로 수출 상담, 수출 상품 제조 원가, 수출 채산성, 무역 환경 등 수출 산업과 관련 있는 15개 항목을 설문 조사해 수출업계의 체감 경기 동향을 알려준다.

0에서 200까지의 값으로 나타나며 100이 기준이다. 매우 호조(150~), 호조(110~150), 보합(90~110), 부진(50~90), 매우 부진(~50), 이렇게 5단계로 나뉜다. 일반적으로 경기 회복기에는 조사 대상이 경기 전망을 낙관하기에 값이 높게 나타나며 반대로 후퇴기에는 낮게 나오는 경향이 있다. 체감 경기를 보여주는 지표인 만큼 경기 회복기와 후퇴기에 진입한 시점에는 실제보다 과장된 값이 나올 수 있다. 품목별로 조사를 하기 때문에 석유 제품, 가전, 선박, 휴대전화 등 조사 대상 업체 수가 소수인 분야의 동향은 바르게 반영되지 못할 가능성이 있다.

(기준=100)

[그림208] 전산업 수출 산업 경기 전망 지수

출처: 통계청, UPRISE

살펴보면 유용한 하위 지수

• 품목별: 전산업, 1차 산업, 경공업, 중화학공업의 수출 산업 경기 전망

지수

01
수출입

Export & Import
http://english.motie.go.kr

산업통상자원부가 매월 1일에 발표하는 수출입 현황 자료다. 이를 통해 수출액과 수입액, 무역수지를 확인할 수 있으며 통관 수출입 신고 자료를 기초로 한다.

이때 무역수지란 일정 기간 상품을 수출하고 수입하는 과정에서 발생한 이익과 손실의 차액이다. 무역수지는 환율과 원자재 가격에 영향을 많이 받으므로 국제 정세와 경제에 민감하다.

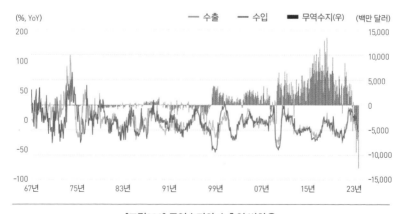

[그림209] 무역수지와 수출입 변화율

출처: refinitive, UPRISE

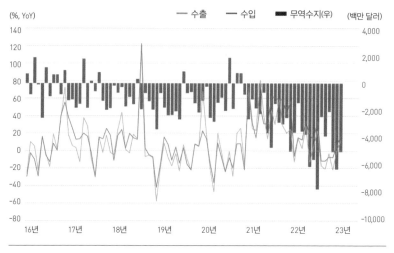

[그림210] 무역수지와 10일 수출입 변화율

출처: refinitive, UPRISE

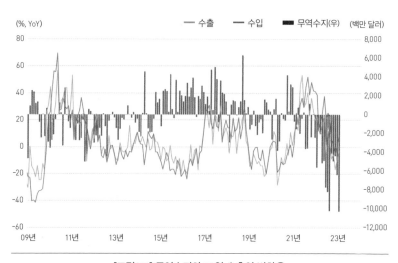

[그림211] 무역수지와 20일 수출입 변화율

출처: refinitive, UPRISE

- 품목별, 지역별 무역수지

- 10일, 20일 수출입

02

경상수지

Current Account

http://www.bok.or.kr

한국은행은 매월 8일 경상수지를 발표한다. 재화나 서비스를 외국과 사고파는 거래를 경상거래라고 한다. 경상수지란 경상거래의 결과로 수출되고 수입되는 제품이나 서비스 등을 사고판 총액에서 받은 돈과 지불한 돈의 차이를 뜻한다. 경상수지에는 물건뿐만 아니라 이자, 배당금 등도 포함된다.

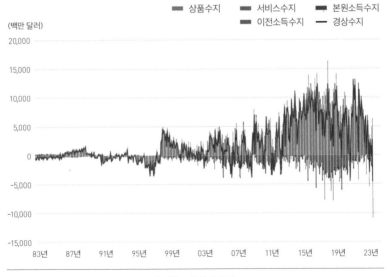

[그림212] 경상수지

경상수지가 흑자면 한국에서 만든 상품이 많이 팔렸다는 뜻이므로 공장이 많이 돌아가고 일자리도 늘어나 경제가 좋아진다. 반대로 경상수지가 적자면 외국에서 상품을 사 오기만 한다는 뜻이므로 공장이 멈추고 경제가 안 좋아진다.

경상수지는 본원소득수지, 이전수지, 서비스수지, 상품수지, 이렇게 4가지로 구분된다.

○━ **살펴보면 유용한 하위 지수**

- 본원소득수지: 한국인이 외국에서 받아 챙긴 각종 이자나 배당과 해외에 준 이자나 배당 중 무엇이 더 많은지를 계산한 수치

- 이전수지: 아무런 대가 없이 오고 가는 돈, 쉽게 말해 원조를 누가 더 많이 받았는지를 따져서 계산한 수치

- 서비스수지: 서비스를 주고받는 과정에서 발생한 이익과 손해. 예를 들어 한국인이 해외여행을 가서 쓴 돈이 많은지, 외국인이 한국에 와서 쓴 돈이 많은지를 산출한 수치. 그 외에 선박 사용료, 비행기 사용료, 보험료 등도 포함

- 상품수지: 상품을 사고파는 과정에서 생긴 이득과 손해

금융 계정

Capital & Financial Account

http://www.bok.or.kr

돈을 빌려주거나 빌린 거래 또는 주식 투자와 관련된 거래를 기록한 것이다. 금융 계정은 자산 계정과 부채 계정으로 나뉜다. 자산은 중앙은행과 외국환은행이 해외에 보유한 예치금과 유가증권 투자액이다. 부채는 종합수지 적자를 보전하기 위해 도입한 은행 차관, 단기 신용 등을 포함한다.

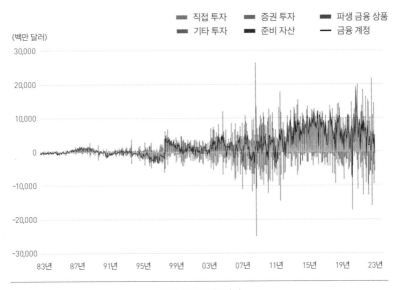

[그림213] 금융 계정

출처: refinitive, UPRISE

이런 거래 과정에서 해외로 나간 돈보다 한국으로 들어온 돈이 많으면 '유입초'라고 한다. 반대로 해외에 나간 돈이 한국으로 들어온 돈보다 많다면 '유출초'라고 한다. 금융 계정은 국제수지에 나타난 지불과 수취의 차이가 어떻게 운용되었는지를 보여준다.

○━ 살펴보면 유용한 하위 지수

- 직접 투자: 해외 기업의 경영 활동 참여와 같은 장기적인 대외 투자

- 증권 투자: 주식, 채권 등 매매 차익을 목적으로 한 외국과의 거래

- 파생 금융 상품: 주식, 채권 등 전통적인 금융 상품을 기초 자산으로 하여 기초 자산의 가치 변동에 따라 가격이 결정되는 금융 상품

- 기타 투자: 직접 투자, 증권 투자, 파생 금융 상품에 포함되지 않는 외국과의 모든 금융 거래. 대출과 차입, 무역 관련 신용, 금융 거래도 포함

- 준비 자산: 거래를 통해 매일 일어나는 외환 보유액의 변동. 통화 당국이 국제수지 불균형을 보전하거나 외환시장에 개입해 국제수지 불균형을 조정할 때 사용

04

외환 보유고

International Reserves
http://www.bok.or.kr

외환 보유고는 중앙은행에 예치된 외국 통화 예금으로 한국은행이 매달 발표한다. 달러화, 유로화, 엔화 등이 준비 통화로 사용되며 미국 국채로 보유한 경우가 많다. 이를 중앙은행이나 정부가 국제수지 불균형을 보전하거나 외환시장을 안정시키기 위해 사용한다. 긴급 사태가 발생해서 금융 기관 등이 해외 차입을 하지 못해 대외 결제가 어려워진 경우나 외환시장에 외화가 부족해 환율이 급상승할 때 시장 안정을 위해 사용하기도 한다. 이처럼 외환 보유고는 국민 경제의 안전판 역할을 하며 환율을 안정시키고 국가 신인도를 높이는 데도 기여한다.

외환 보유액이 이 정도면 적정하다는 보편적 기준은 없다. 나라마다 환율 제도, 자본 자유화 및 경제 발전 정도, 외채 구조, 경상수지 사정, 국내 금융 기관의 대외 차입 능력 등 다양한 요소에 따라 달라질 수 있기 때문이다.

선진국은 국가 신인도가 높고 자국 통화가 결제 통화로 널리 사용되므로 외환 보유액을 축적해야 할 필요가 적다. 반면 신흥시장국은 유사시 국제 금융시장에서 외화를 차입하기가 어렵고 대외 의존도가 높아 외환 보유액을 가급적 넉넉히 보유하려는 경향이 있다.

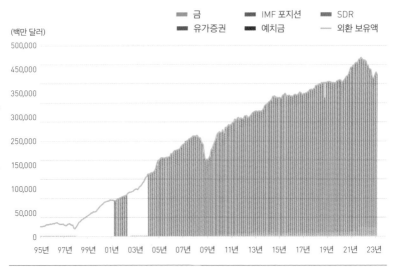

[그림214] 외환 보유고

출처: refinitive, UPRISE

⊶ 살펴보면 유용한 하위 지수

- 유가증권: 재산적 권리가 있는 증서로 상품증권, 어음이나 수표 같은 화폐증권, 주식이나 사채 같은 자본증권을 포함

- 예치금: 거래에 관계되는 선금이나 보증금을 지불한, 즉 미리 맡겨둔 돈

- SDR: 특별 인출권Special Drawing Rights의 약자로 IMF 가맹국이 국제수지 악화 때 담보 없이 필요한 만큼의 외화를 인출할 수 있는 권리 또는 통화

- IMF 포지션: IMF에 출자를 하고 그 대가로 인출할 수 있는 자금의 한도. 보통 출자한 금액의 25% 정도

- 금: 안전 자산으로 위기 시 보험 역할. 외환 보유액으로 금을 일정량 보유하면 해외 투자자들의 신뢰도가 높아짐

적정 외환 보유액을
유지해야 하는 이유

한국 자본시장 역사에서 외환 보유액을 적절하게 유지하는 것은 매우 중요한 과제였다. 1997년 말 단기 차입금이 외환 보유액을 넘어서면서 우리나라는 국가 부도 위기를 경험했다. 외환 관리는 외환 위기의 재발 가능성, 자본시장 안정, 환율 정책 등과 밀접한 연관이 있으며 경제의 향방을 결정하는 중요한 척도다.

외환 보유액의 적정 규모는 어느 정도일까? 그 기준은 다양하다. 주요국들은 각자의 상황에 맞게 외환을 관리하고 있다. 일각에서는 우리나라같이 외환 위기를 경험한 국가들이 외환 보유액을 과대 추정하는 오류를 범할 수 있다는 경고의 메시지를 보내기도 한다.

외환의 부족은 곧바로 외환 위기로 연결된다. 다만 반대로 너무 많은 외환을 보유하면 사회적 비용과 국내 자본시장의 취약성 등 다양한 문제들을 야기할 수 있다. 주요국들은 이러한 문제를 해결하기 위해 해외 투자 확대를 통해 자본 잉여를 해소하고 있다.

2010년대를 지나면서 한국도 해외 투자를 장려하려는 움직임이 일고 있다. 이때 거대 자본에 취약한 환율 제도의 변화, 지정학적 안보 불안 등 당면한 자본시장 상황을 두루 고려할 필요가 있다. 적정 외환 보유액의 이론적 틀을 염두에 두되 직면한 상황을 감안한 경험적 접근법을 겸비한 유연한 사고가 필요하다.

발표 기관	내용	적정 외환 보유액
IMF	3개월 경상 지급액	약 1,500억 달러
트리핀	3개월 경상 지급액 + 연간 수입액의 40%	약 2,300억 달러
그린스펀	3개월 경상 지급액 + 단기 외채	약 4,500억 달러
BIS	3개월 경상 지급액 + 단기 외채 + 외국인 주식 투자 금액의 30% + 거주자 외화 예금 + 현지 금융 잔액	약 9,500억 달러

[표19] 적정 외환 보유액

출처: IMF, BIS, UPRISE

Chapter 29

물가

물건의 값을 넘어 실생활 패턴을 결정

시중에 통화가 늘어 유동성이 증가하면 물가가 상승하고 단기적으로 경제가 활성화된다. 반대로 유동성이 감소하면 소비와 공급이 위축된다. 그러나 유동성 과잉도 인플레이션을 불러오고 경제의 건전성을 해칠 수 있다. 물가와 유동성 지표를 보면 경기 흐름을 파악할 수 있다.

01

원화 실질 실효 환율

Korea Won Real Broad Effective Eexchange Rate

http://www.jpmorgan.com/

실질 실효 환율은 교역량과 물가 변동에 따른 구매력 변화를 반영해 산출한 환율이다. 국가 간 물가 상승률의 차이와 대외 교역 비중을 감안 한 환율이라는 점에서 수출의 선행 지표기도 하지만 물가의 선행 지표 역할도 한다. 실질 실효 환율이 저평가되면 수입 물가와 소비자 물가가 상승한다.

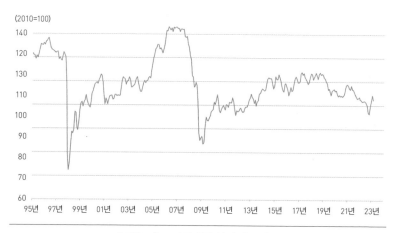

[그림215] JP 모건 원화 실질 실효 환율

출처: refinitive, UPRISE

354

01

소비자 물가 지수

Consumer Price Index

http://kostat.go.kr

일반 가구가 구입하는 각종 상품과 서비스의 가격을 포함하는 지표다. 40여 개 가계의 총소비 지출에서 구입 비중이 큰 500여 개의 상품 및 서비스 품목의 소비자 가격을 기준으로 조사한다.

소비자 물가 지수에서 중요한 것은 가계 소비 지출에서 차지하는 비중

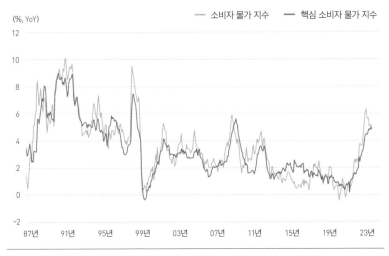

[그림216] 소비자 물가 지수와 핵심 소비자 물가 지수 변화율

출처: refinitive, UPRISE

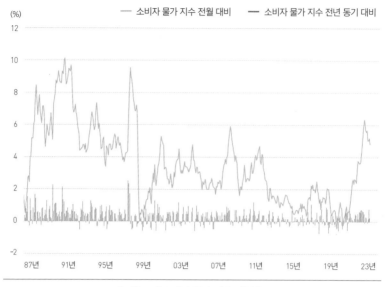

— 소비자 물가 지수 전월 대비   — 소비자 물가 지수 전년 동기 대비

[그림217] 소비자 물가 지수 변화율

출처: refinitive, UPRISE

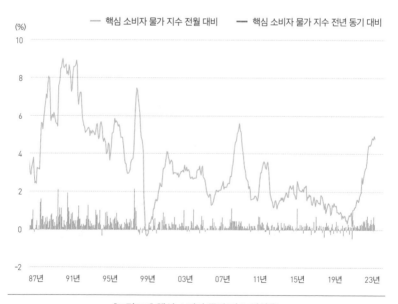

— 핵심 소비자 물가 지수 전월 대비   — 핵심 소비자 물가 지수 전년 동기 대비

[그림218] 핵심 소비자 물가 지수 변화율

출처: refinitive, UPRISE

이 큰 상품을 조사 대상으로 선정한다는 것이다. 이는 가계가 소비 생활을 유지하기 위해 필요한 소득 또는 액수를 알려주기 때문에 소비자의 구매력, 생계비를 유추할 수 있다. 소비자 물가 지수가 상승했다는 것은 실질 임금이 하락했다는 뜻이기도 하다.

○━ 살펴보면 유용한 하위 지수

- 품목별 소비자 물가 지수
- 지역별 소비자 물가 지수

02

생산자 물가 지수

Producer Price Index

http://www.bok.or.kr

국내 생산자가 생산, 출하하는 모든 상품 및 서비스의 평균적인 가격 변동을 측정한 지수다. 조사 대상은 상품 874개, 서비스 75개 총 949개 품목이다. 수급 상황을 파악하고 경기 동향을 판단하는 지표 및 디플레이터로 이용한다. 소비자 물가에 다소 선행성을 가진다.

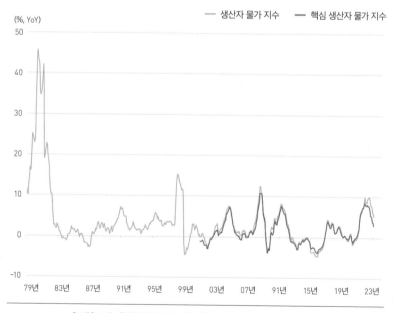

[그림219] 생산자 물가 지수와 핵심 생산자 물가 지수 변화율

출처: refinitive, UPRISE

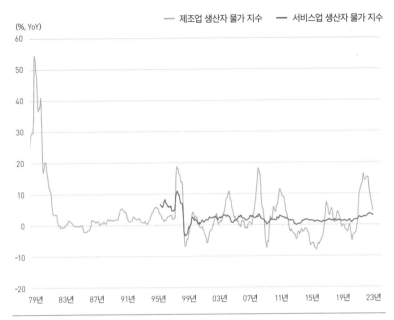

── 제조업 생산자 물가 지수   ── 서비스업 생산자 물가 지수

(%, YoY)

[그림220] 품목별 생산자 물가 지수 변화율

출처: refinitive, UPRISE

살펴보면 유용한 하위 지수

• 핵심 생산자 물가 지수

• 품목별 생산자 물가 지수

소비자 물가 지수와 생산자 물가 지수의 변동 폭이 다른 이유

생산자 물가 지수는 소비자 물가 지수의 선행성을 가지고 있다. 기업 입장에서 생산자 물가 지수는 물건을 만들 때 들어간 비용이고 소비자 물가 지수는 물건을 판 가격이다. 따라서 생산자 물가 지수 상승률과 소비자 물가 지수 상승률 간의 차이$_{spread}$로 기업들의 영업 이익을 추정하기도 한다.

생산자 물가 지수와 소비자 물가 지수는 비슷한 방향성을 보인다. 그러나 방향이 유사하다고 하더라도 변동의 형태는 대부분 상이하다. 두 지수 간 변동 폭이 다른 이유는 3가지가 있다.

첫째, 소비자 물가 지수와 생산자 물가 지수에 포함되는 품목이 다르다. 일례로 외식비, 집세, 교육비 등 개인 서비스 비용은 소비자 물가 지수에는 포함되지만 생산자 물가 지수에는 포함되지 않는다. 주택 가격이 큰 폭으로 상승하거나 학원비와 대학 등록금이 과도하게 인상된다고 해서 생산자 물가 지수는 직접적으로 변동하지 않는다. 소비자 물가 지수만 큰 폭의 상승을 보인다.

둘째, 동일한 품목이라도 생산자 물가 지수와 소비자 물가 지수에 반영되는 가중치가 다르다. 생산자 물가 지수의 가중치는 매출이 기준이고 소비자 물가 지수는 가계 지출이 기준이다. 일례로 러·우 전쟁 이후 휘발유 가격을 상회했던 경유의 경우 생산자 물가 지수에서의 가중치가 소비자 물가 지수에서의 가중치의 약 10배에 달한다.

셋째, 가격 산정 기준이 다르다. 생산자 물가 지수가 소비자 물가 지수보다 변동 폭이 작다. 생산자 물가 지수에 포함된 상품 가격은 도매가격으로 부가 가치세를 포함하지 않은 가격인 반면 소비자 물가 지수 가격은 소매 가격이다. 소매 가격에는 유통의 중간 과정에서 발생하는 유통 마진과 부가 가치세 등 각종 세금이 포함되어 있다. 따라서 소비자 물가는 생산자 물가보다 변동성이 크다.

03

수출입 물가 지수

Export & Import Price Index

http://www.bok.or.kr

수출입 상품의 가격 변동이 국내 물가에 미치는 영향을 사전에 측정하기 위해 조사하는 지수다. 2017년 기준 수출 물가 지수는 203개, 수입 물가 지수는 233개를 조사한다. 조사 가격은 수출 물가 지수는 FOB, 수입 물가 지수는 CIF_{Cost, Insurance, Freight}(제조 원가, 보험료, 운임)를 원칙으로 한다.

이 지표는 수출입 관련 업체들의 수출 채산성 변동이나 수입 원가 부담 등을 파악한다. 한편 수출입 물가 지수를 상호 비교해 가격 측면에서의 교역 조건을 측정하는 데 이용하기도 한다.

수출입 물가 지수는 생산자 물가 지수 같은 국내 물가 지수에 대해 선행성을 가질 수 있도록 수출입 계약 시점을 기준으로 하고 계약 가격을 원화로 환산하여 작성된다. 보조 지수로 계약 통화를 기준으로 산출되는 계약 통화 기준 지수와 미 달러화로 환산된 달러 기준 지수도 함께 발표한다.

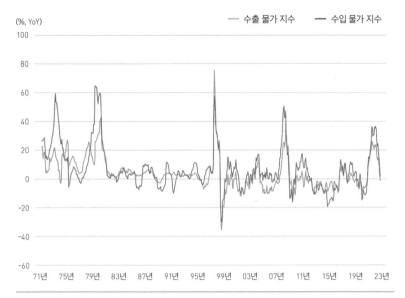

[그림221] 수출입 물가 지수 변화율

출처: refinitive, UPRISE

 살펴보면 유용한 하위 지수

• 품목별 수출입 물가

수출입 물량 지수

Export & Import Volume Index

http://www.bok.or.kr

한국은행에서 매달 발표하는 수출입 물량 자료다. 무역 지수 중 수출과 수입 물량의 변동을 나타내는 지표로, 수출입 금액 지수를 수출입 단가 지수로 나누어 산출한다. 이 지수를 보면 가격 요인을 제외하고 수출입 물량을 알 수 있어 원유 등의 가격이 변화해 수출입 금액의 변동이 커졌을 때 수출입 상황을 파악하는 데 활용한다.

[그림222] 수출입 물량 지수 변화율

출처: refinitive, UPRISE

살펴보면 유용한 하위 지수

• 품목별 수출입 물량 지수

05

통화 공급

Money Supply

http://www.bok.or.kr

한국은행이 수집해 작성하는 통화 공급 데이터다. 통화 공급량이란 특정 시기에 경제에서 사용할 수 있는 화폐 자산의 총량으로, 한 나라의 경제에 어느 정도의 돈을 공급하느냐를 뜻한다. 이는 물가 안정이나 경제 성장에 절대적 영향을 미치기 때문에 중앙은행은 통화량을 조절해 실물 경제가 원활히 운용되도록 관리한다.

통화 공급이 증가하면 기업의 자금 사정이 좋아지므로 생산 활동이 원활해진다. 그 결과 기업 수익성이 증대할 수 있다. 통화량이 증가하면 채권시장을 통해 실질 이자율이 하락해 상대적으로 기대 수익률이 커진 주식의 수요가 늘어나 주가에 긍정적인 영향을 끼친다.

그러나 통화를 과도하게 공급하면 인플레이션을 유발해 오히려 주가가 하락하기도 한다. 그렇다고 무리하게 통화량을 줄여도 경기 위축을 초래하게 된다. 따라서 중앙은행이 계획한 목표 통화량과 비교해 통화 공급을 판단해야 한다.

(%, YoY) ━ 본원 통화 ━ M1 ━ M2

[그림223] 통화 공급 변화율

출처: refinitive, UPRISE

○─ 살펴보면 유용한 하위 지수

- M0: 본원 통화. 즉시 사용이 가능한 통화로 유동성이 가장 좋음

- M1: 현금 및 요구불 예금만을 포함하는 협의 통화

- M2: 광의 통화

06
원유 수입
Imports Petroleum
http://www.keei.re.kr

　에너지경제연구원에서 매월 발표하는 한국으로 들어오는 원유의 양
이다. 경기가 활성화되어 공장을 많이 돌리면 원유 수입량이 늘어난다.
따라서 원유 수입량을 통해 경기를 판단할 수 있다.

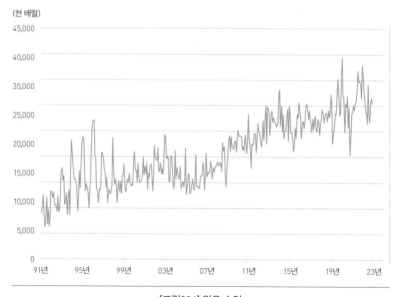

[그림224] 원유 수입

출처: refinitive, UPRISE

한국 수출을 보면
알 수 있는 2가지

한국 경제지표에서 수출은 2가지 선행성을 가지고 있다. 첫 번째는 글로벌 경기에 대한 선행 지표고 두 번째는 한국 코스피 지수에 대한 선행 지표다.

첫 번째를 먼저 살펴보자. 수출은 글로벌 경기의 선행 지표 역할을 한다. 이는 수출이 1개월을 기준으로 발표되는 경제지표 중 가장 먼저 발표되는 경제지표라는 점에서 시기적으로 빠르다는 특징이 있다. 또 한국 S&P 글로벌 제조업 PMI 지수와 높은 상관관계를 보인다는 점에서 통계적 유의성도 있다. 가장 중요한 것은 한국 수출의 주력 품목 중 반도체를 위시한 IT 중간재 비중이 크다는 점이다. 이는 글로벌 경기에 민감한 일명 '시크리컬cyclical 산업'의 비중이 높다는 의미로 이러한 산업은 경기에 민감하게 반응한다.

두 번째로 한국의 수출은 코스피 지수와 높은 상관관계를 보인다. 시계에 따라 다르겠지만 2008년 이후 코스피 지수 증가율과 수출 증가율의 상관관계는 0.7이다. 그래서 코스피 지수를 전망할 때 한국의 일평균 수출 금액 혹은 수출 증가율을 자주 활용한다.

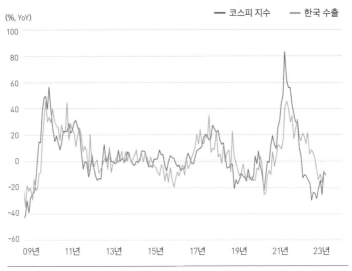

(%, YoY)

코스피 지수 ── 한국 수출

[그림225] 코스피 지수와 한국 수출의 변화율

출처: refinitive, UPRISE

투자의 기본이 되어줄 경제지표 독해법

이 책은 기본에 관한 2가지 이야기를 담았다.

첫 번째는 나의 기본이다. "기본에 충실하자." 집필을 마무리하는 순간까지도 스스로 되새긴 말이다.

부족한 경험에도 글로벌 경제지표를 활용한 기본서를 출간한다. 무모한 용기를 낸 배경에는 지난 15년간 경제지표에서 투자 아이디어를 찾기 위해 고민했던 시간이 있었다. 그 시간 동안 내가 습득한 독특한 방식의 경제지표 독해법을 이 책에 담았다. 국가마다 다른 경제 구조를 감안해서 경제지표의 우선순위를 제시했고, 투자에 활용하기에 시점이 느리다는 한계를 보완하기 위해 경제 주체들의 심리를 반영한 소프트 데이터를 활용했다. 소프트 데이터와 실물 경기를 반영하는 하드 데이터 간의 관계를 매칭시켜 적시성 있는 투자 아이디어를 도출하는 틀을 제시했다. 이 책은 내가 경제지표를 바라보는 기틀에서 시작되었다.

두 번째는 독자의 기본이다. 최근 인공지능 챗봇 챗 GPT_{Chat GPT}가 돌풍을 일으켰다. 상상에서 현실이 된 AI 시대에 살아남기 위해 필요한 기술은 적합한 질문을 던지는 것이다. 올바른 명령어, 즉 본질을 꿰뚫는 질문을 생각하는 사람만이 필요한 답을 얻을 수 있다.

필요한 답을 들을 수 있는 질문을 하려면 기본이 탄탄해야 한다. 경제지표 그 자체는 세상에 떠다니는 수많은 데이터를 모아놓은 것에 불과하다. 그 데이터에서 나에게 필요한 메시지를 건져 올릴 힘을 가질 때 경제지표는 비로소 위기와 기회를 알려주는 나침반이 된다. 그리고 독자의 기본을 탄탄하게 다져주는 밑거름이 되어주길 바라는 마음으로 이 책을 썼다.

다만 세상사를 이분법적인 사고로 설명하는 것이 불가능한 것처럼 소프트 데이터가 부재한 분야도 있고 소프트 데이터와 하드 데이터 간 선행 관계가 희미한 국가도 있다. 이런 공백은 다양한 경험과 창의적 기질이 뛰어난 독자들의 영역으로 돌리고 싶다.

나는 행복한 사람이다. 늘 나를 아껴주는 사람들이 많다. 삶을 먼저 경험한 선배들과 청출어람을 주창하는 후배들께 모두 심심한 감사를 표한다. N잡러의 시간을 최대한 잘 활용하여 마침표를 찍게 해준 위즈덤하우스 출판팀에 정말 수고하셨다고 말하고 싶다.

마지막으로 다가올 시간을 기대하게 하는 백송과 천송 그리고 언제나 나를 먼저 생각해주는 이지영 님께 이 모든 영광을 돌린다.

꾸준함이 브랜드다. 빈센트의 도전은 계속된다.

_빈센트(김두언)

경제지표 색인

경제지표를 읽는 시간

초판 1쇄 발행 2023년 4월 19일
초판 3쇄 발행 2023년 8월 18일

지은이 빈센트(김두언)
펴낸이 이승현

출판2 본부장 박태근
MD독자 팀장 최연진
편집 진송이 임경은
디자인 유니드
구성 조창원

펴낸곳 ㈜위즈덤하우스 **출판등록** 2000년 5월 23일 제13-1071호
주소 서울특별시 마포구 양화로 19 합정오피스빌딩 17층
전화 02) 2179-5600 **홈페이지** www.wisdomhouse.co.kr

ⓒ 빈센트(김두언), 2023

ISBN 979-11-6812-611-4 03320